完全
改訂版

聞いて覚える韓国語単語帳

キクタン

韓国語

【初中級編】

アルク

はじめに

「キクタン韓国語」シリーズとは

■ ベストセラー「キクタン」の韓国語版

単語を聞いて覚える「聞く単語集」、すなわち「キクタン」。「キクタン」シリーズは、アルクの英単語学習教材として始まりました。本シリーズは、音楽のリズムに乗りながら楽しく語彙を学ぶ「チャンツ」という学習法を採用し、幅広いユーザーの支持を受けています。本書は、この「キクタン」をベースにした韓国語の単語帳です。

■ 覚えた単語を実践で役立てるために

せっかく覚えた「知っている単語や表現」も、音声で正しく認識していなければ、相手の言葉を聞き取ることも、相手に自分の言葉を伝えることも、難しくなるでしょう。特に韓国語の発音には、表記と音声が一致しない「発音変化」という現象があります。そこで私たちが提案するのが、単語を音声から学ぶことです。

本書は、「韓国語→日本語→韓国語」の順で、音楽に合わせてリズミカルに発音された単語を聞きながら、楽しく単語を学ぶことができます。最初と最後にネイティブスピーカーの韓国語発音をしっかり聞く、記憶に残りやすい構成になっています。

本書は、『改訂版 キクタン韓国語【初中級編】』（初版：2012年6月4日）の内容を一新した、完全改訂版です。単語の選定から例文に至るまで、すべての内容が変更されています。

だから「効果的に学べる」！

本書の4大特長

1 ハングル能力検定試験の出題基準に準拠！

ハングル能力検定協会が公表している『「ハングル」検定公式ガイド　改訂版合格トウミ【中級編】』の「3級『語彙』リスト」に準拠した完全改訂版です。ハングル能力検定試験3級（初中級）レベルの単語をほぼカバーしているので、検定試験対策にもぴったりです。

2 「耳」と「目」をフル活用して覚える！

多くの学習者がつまずきがちな「単語を覚えづらい」という壁も、「キクタン」シリーズなら突破できます！　耳で聞いて覚えて、さらに文字で確認することで学習効果が倍増。「音声＋本」のセットで学習を進めるのが基本ですが、音声のみ、本のみでも学習が進められる点もポイントです。また、3級レベルまでの文法や表現を活用した、シンプルで覚えやすい例文（全文音声あり）も活用すると、どのような単語を組み合わせてよく使われるかが分かり、さらに単語を覚えやすくなります。また、週ごとに「力試しドリル」を用意。単語の定着度を確認できます。

3 1日16語、8週間のカリキュラム学習！

「無理なく続けられること」を目標に、1日の学習語彙数は16語としました。これを8週間、計56日間続けて確実に覚えていけば、3級レベルの896語をマスターできます。

4 付録も充実！

「発音変化」「変則用言」「助数詞の使い分け」「接頭辞」「接尾辞」といった、初中級レベルで覚えておきたい基礎知識についても本書でしっかり学べます。

目次

1日16語、8週間でハングル能力検定試験3級レベルの
896語をマスター！

本書の音声について

本書の収録音声は、すべて無料でお聞きいただけます（CDやCD-ROMはついていません）。
アルクのダウンロードセンター（https://portal-dlc.alc.co.jp/）からパソコンにダウンロードする方法と、アプリ（英語学習アプリ「booco」）を用いてスマートフォンで聞く方法があります。詳しくは9ページをご覧ください。

本書の構成

1日の学習量は16語。本は2見開き4ページ、音声トラックは2つ（本編の単語チャンツ1つ、例文1つ）が1日分となります。品詞別に、ㄱㄴㄷ順で配列しています。

見出し語

辞書に掲載されている形で示しています。単語の上の数字は「掲載番号」です。索引などにもこの掲載番号を使用します。

意味

単語の日本語訳をメイン（大きな字）、サブ（小さな字）に分けて掲載。音声ではメイン訳を読み上げています。

tips

韓国語に関する「ちょっと知っておきたいこと」をまとめています。

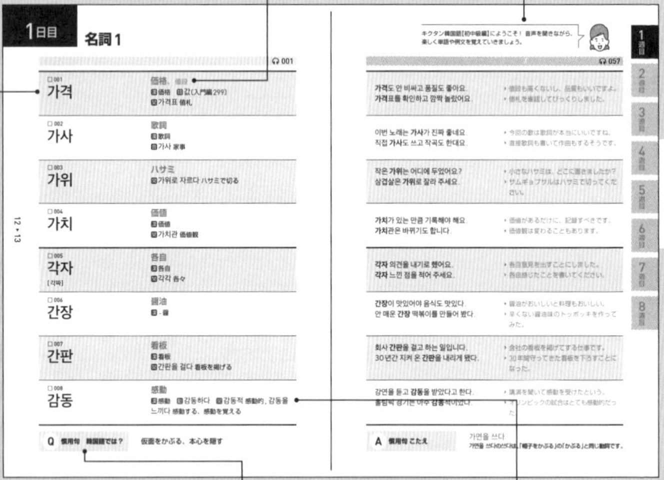

発音・北朝鮮での表記

発音変化のある単語のうち、特に注意したいものについては、発音通りのハングルを掲載。また、北朝鮮での表記が異なる場合は、頭に★をつけて、この欄に掲載しています。

慣用句クイズ

本書のレベルで知っておきたい、慣用句に関するクイズです。左ページに問題、右ページに答えを掲載しています。

漢字表記・派生語・活用

漢字語の場合は漢字を表記しています。また、見出し語が動詞化や形容詞化したもの、同義語、対義語、類語、関連語、同音異義語などの派生語も掲載しています。

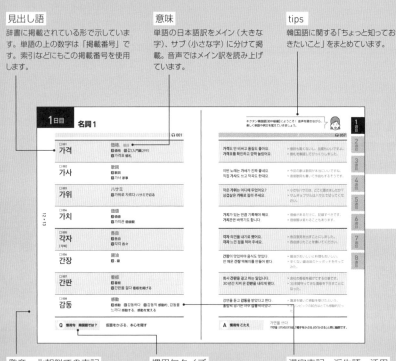

本書で使用している記号

右記を参照して、学習に役立ててください。

🎧001：「音声トラック1に収録されています」という意味です。

★：北朝鮮で使用されている表記です。

[　　]：発音通りの表記を表します。

漢 外 動 名 形 副 同 対 類 関 慣 諺 音：順に、漢字表記、外来語、動詞、名詞、形容詞、副詞、同義語、対義語、類語、関連語、慣用句、諺、同音異義語を表します。

音声マーク🎧

🎧が入っている部分は、音声を無料ダウンロードできます（詳しくは9ページ参照）。「キクタン」は単語を聞いて覚える「聞く単語帳」ですので、音声を100％活用して単語を覚えていきましょう。

例文

見出し語または派生語を含む、シンプルで使い勝手の良い韓国語の例文と日本語訳を提示しています。レベルに合った文法を用い、日常生活で使える例文です。全ての例文の音声を聞くことができますので、耳で覚えて使っていきましょう。

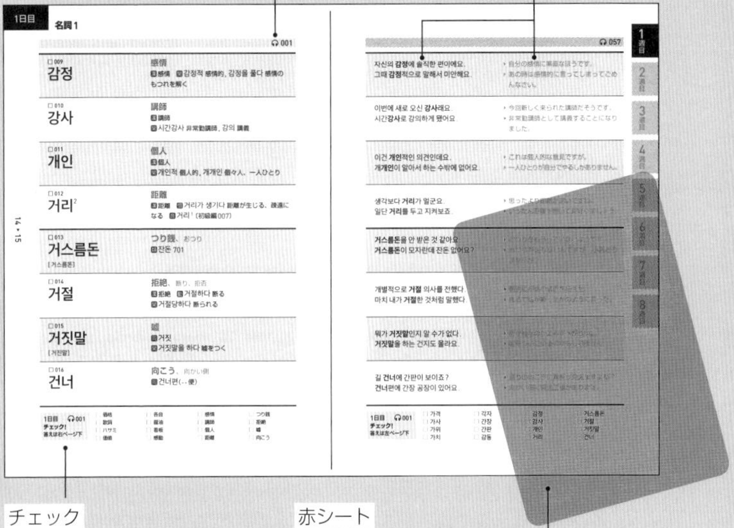

チェック

その日に学んだ単語や表現がどれだけ定着したか、チェックしてみましょう。左ページに日本語、右ページに韓国語が掲載されています。音と文字をつなげて、単語をどんどん自分のものにしていきましょう。

赤シート

本書には赤シートが付属しています。見出し語の意味や例文の日本語などがすぐ口に出せるか、確認する際にご活用ください。

活用について

動詞、形容詞のうち、以下の変則用言については、見出し語の最後にアイコンで提示しています。

＜어＞＜러＞＜으＞＜ㄹ＞＜ㅅ＞＜ㄷ＞＜ㅂ＞＜ㅎ＞：順に어変則用言、러変則用言、으変則用言、ㄹ変則用言、ㅅ変則用言、ㄷ変則用言、ㅂ変則用言、ㅎ変則用言を表します。

音声の構成

本書では、「見出し語」「例文」の音声データを提供しています。
「見出し語」「例文」の音声の構成は以下の通りです。

見出し語

チャンツに乗せて、見出し語を【韓国語→日本語（メイン訳）→韓国語】のパターンで読んでいます。

韓国語 둘레 → 日本語 周り → 韓国語 둘레

1日16語

▼

16語×7日＝1週間で112語

▼

112語×8週＝全部で896語

▼

8週で896語をマスターするカリキュラム！

例文

本書では、例文すべての読み上げ音声を提供しています（チャンツ形式ではありません）。【見出し語＋日本語訳】に続き、例文（2文または3文）を読み上げるパターンです。見出し語とその意味を把握したうえで、例文を聞くことができるので、単語や例文の定着度アップが期待できます。

韓国語 둘레 → 日本語 周り → 韓国語例文1 집 둘레에 키 큰 나무를 심었다. → 韓国語例文2 허리둘레가 3 센티나 줄었다고 한다.

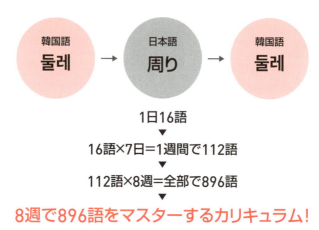

おすすめの学習モード

本書を活用するときにおすすめの学習モードをご紹介します。
ご自分のスタイルに合わせて、毎日の生活に組み込んでみましょう。継続は力なり!

見出し語だけを聞く「チャンツモード」

学習時間:1日3分
見出し語の音声を聞くだけ。音を聞いてから発音すると、より定着度がアップします。仕上げに、「チェック」を使って、覚えているかを確認しましょう。

見出し語も例文も聞く「しっかりモード」

学習時間:1日10～15分
しっかり取り組みたい人におすすめのモードです。
見出し語の音声を聞き、声に出して発音。その後、例文の音声を聞いて、リピーティング(例文を1文聞いたら音声を止めて、声に出して言う)、シャドーイング(音声に少し遅れて真似して言う)、ディクテーション(書き取り)など、多面的なアプローチで学んでみてください。さらに、赤シートを活用して、見出し語と例文の日本語訳がパッと口から出るか試します。仕上げに「チェック」も使って定着度を確認しましょう。

音声を聞く方法

本書の収録音声は、すべて無料でお聞きいただけます。
CD/CD-ROMはついていません。
アルクのダウンロードセンター(https://portal-dlc.alc.co.jp/)からパソコンにダウンロードする方法と、アプリ(英語学習アプリ「booco」)を用いてスマートフォンで聞く方法があります。

【パソコンをご利用の場合】

「アルク ダウンロードセンター」をご利用ください。
https: //portal-dlc.alc.co.jp/
商品コード(7025003)で検索し、[ダウンロード] ボタンをクリックして、音声ファイルをダウンロードしてください。

【スマートフォンをご利用の場合】

英語学習アプリ「booco」(無料)をご利用ください。本アプリのインストール方法は、カバー袖でご案内しています。商品コード(7025003)で検索して、「聞く」ボタンを押して聞いて下さい。(iOS、Android の両方に対応)

ハングル能力検定試験について

ハングル能力検定試験（正式名称は「ハングル」能力検定試験）は、主に日本語を母語とする学習者を対象とした韓国・朝鮮語の検定試験です。春・秋の年2回、日本全国の試験会場と準会場で実施され、5級・4級・3級・準2級・2級・1級（最上級）の全6段階にレベルが分けられています。また、オンライン試験のみとなりますが、文字や基礎文法の知識を問う「入門級」も設けられています。
本書は、ハングル能力検定試験3級レベルの単語帳です。3級のレベルと合格ラインは以下の通りです。

3級

60分授業を160回受講した程度。日常的な場面で使われる基本的な韓国・朝鮮語を理解し、それらを用いて表現できる。
100点満点【聞取40点（必須得点12点）+筆記60点（必須得点24点）】中60点以上合格／マークシート方式／設問は日本語／聞取30分、筆記60分

- 決まり文句以外の表現を用いてあいさつなどができ、丁寧な依頼や誘いはもちろん、指示・命令、依頼や誘いの受諾や拒否、許可の授受など、さまざまな意図を大まかに表現することができる。
- 私的で身近な話題ばかりでなく、親しみのある社会的出来事についても話題にできる。
- 日記や手紙など、比較的長い文やまとまりを持った文章を読んだり聞いたりして、その大意をつかむことができる。
- 単語の範囲にとどまらず、連語など組み合わせとして用いられる表現や、使用頻度の高い慣用句や慣用表現なども理解し、使用することができる。

詳細や最新情報については、以下をご確認ください。

特定非営利活動法人　ハングル能力検定協会
https://hangul.or.jp/

キクタン韓国語

1週目

✓学習したらチェック!

- ■ 1日目　名詞1
- ■ 2日目　名詞2
- ■ 3日目　名詞3
- ■ 4日目　名詞4
- ■ 5日目　副詞1
- ■ 6日目　形容詞1
- ■ 7日目　動詞1
- ■ 1週目　力試しドリル

아침에 계란프라이랑 야채를 먹었다.

(例文の意味は027参照)

名詞1

🎧 001

□ 001
가격
価格、 値段
漢 価格　類 값〔入門編299〕
関 가격표 値札

□ 002
가사
歌詞
漢 歌詞
音 기시 家事

□ 003
가위
ハサミ
関 가위로 자르다 ハサミで切る

□ 004
가치
価値
漢 価値
関 가치관 価値観

□ 005
각자
[각짜]
各自
漢 各自
関 각각 各々

□ 006
간장
醤油
漢 -醤

□ 007
간판
看板
漢 看板
関 간판을 걸다 看板を掲げる

□ 008
감동
感動
漢 感動　動 감동하다　関 감동적 感動的，감동을 느끼다 感動する、感動を覚える

Q 慣用句　韓国語では？　仮面をかぶる、本心を隠す

キクタン韓国語【初中級編】にようこそ！ 音声を聞きながら、
楽しく単語や例文を覚えていきましょう。

057

가격도 안 비싸고 품질도 좋아요. ▶ 値段も高くないし、品質もいいですよ。
가격표를 확인하고 깜짝 놀랐어요. ▶ 値札を確認してびっくりしました。

이번 노래는 **가사**가 진짜 좋네요. ▶ 今回の歌は歌詞が本当にいいですね。
직접 **가사**도 쓰고 작곡도 한대요. ▶ 直接歌詞も書いて作曲もするそうです。

작은 **가위**는 어디에 두었어요? ▶ 小さなハサミは、どこに置きましたか？
삼겹살은 **가위**로 잘라 주세요. ▶ サムギョプサルはハサミで切ってください。

가치가 있는 만큼 기록해야 해요. ▶ 価値があるだけに、記録すべきです。
가치관은 바뀌기도 합니다. ▶ 価値観は変わることもあります。

각자 의견을 내기로 했어요. ▶ 各自意見を出すことにしました。
각자 느낀 점을 적어 주세요. ▶ 各自感じたことを書いてください。

간장이 맛있어야 음식도 맛있다. ▶ 醤油がおいしいと料理もおいしい。
안 매운 **간장** 떡볶이를 만들어 봤다. ▶ 辛くない醤油味のトッポッキを作ってみた。

회사 **간판**을 걸고 하는 일입니다. ▶ 会社の看板を掲げてする仕事です。
30 년간 지켜 온 **간판**을 내리게 됐다. ▶ 30年間守ってきた看板を下ろすことになった。

강연을 듣고 **감동**을 받았다고 한다. ▶ 講演を聞いて感動を受けたという。
올림픽 경기는 아주 **감동**적이었다. ▶ オリンピックの試合はとても感動的だった。

A 慣用句 こたえ

가면을 쓰다
가면을 쓰다の쓰다は、「帽子をかぶる」の「かぶる」と同じ動詞です。

名詞 1

001

□ 009
감정
感情
漢 感情　関 감정적 感情的, 감정을 풀다 感情のもつれを解く

□ 010
강사
講師
漢 講師
関 시간강사 非常勤講師, 강의 講義

□ 011
개인
個人
漢 個人
関 개인적 個人的, 개개인 個々人、一人ひとり

□ 012
거리[2]
距離
漢 距離　慣 거리가 생기다 距離が生じる、疎遠になる　音 거리[1]〔初級編 007〕

□ 013
거스름돈
[거스름똔]
つり銭、おつり
類 잔돈 701

□ 014
거절
拒絶、断り、拒否
漢 拒絶　動 거절하다 断る
関 거절당하다 断られる

□ 015
거짓말
[거진말]
嘘
同 거짓
関 거짓말을 하다 嘘をつく

□ 016
건너
向こう、向かい側
同 건너편(--便)

1日目　001
チェック!
答えは右ページ下

□ 価格
□ 歌詞
□ ハサミ
□ 価値
□ 各自
□ 醤油
□ 看板
□ 感動
□ 感情
□ 講師
□ 個人
□ 距離
□ つり銭
□ 拒絶
□ 嘘
□ 向こう

자신의 **감정**에 솔직한 편이에요.
그때 **감정**적으로 말해서 미안해요.

- 自分の感情に率直なほうです。
- あの時は感情的に言ってしまってごめんなさい。

이번에 새로 오신 **강사**래요.
시간**강사**로 강의하게 됐어요.

- 今回新しく来られた講師だそうです。
- 非常勤講師として講義することになりました。

이건 **개인**적인 의견인데요.
개**개인**이 알아서 하는 수밖에 없어요.

- これは個人的な意見ですが。
- 一人ひとりが自分でやるしかありません。

생각보다 **거리**가 멀군요.
일단 **거리**를 두고 지켜보죠.

- 思ったより距離が遠いですね。
- いったん距離を置いて見守りましょう。

거스름돈을 안 받은 것 같아요.
거스름돈이 모자란데 잔돈 없어요?

- おつりをもらっていないようです。
- おつりが足りないんですが、小銭ありませんか?

개별적으로 **거절** 의사를 전했다.
마치 내가 **거절**한 것처럼 말했다.

- 個別に拒絶の意思を伝えた。
- まるで私が断ったかのように言った。

뭐가 **거짓말**인지 알 수가 없다.
거짓말을 하는 건지도 몰라요.

- 何が嘘なのか知るすべがない。
- 嘘をついているのかもしれません。

길 **건너**에 간판이 보이죠?
건너편에 간장 공장이 있어요.

- 通りの向こうに看板が見えますよね?
- 向かい側に醤油工場があります。

1日目 001
チェック!
答えは左ページ下

□ 가격	□ 각자	□ 감정	□ 거스름돈
□ 가사	□ 간장	□ 강사	□ 거절
□ 가위	□ 간판	□ 개인	□ 거짓말
□ 가치	□ 감동	□ 거리	□ 건너

名詞2

002

□ 017
검사
① **検査**　② (宿題などの)**点検**
漢 検査　動 검사하다
関 피검사 血液検査

□ 018
결론
結論
漢 結論
関 결론을 짓다/내다 結論を出す

□ 019
결석
[결썩]
欠席
漢 欠席　動 결석하다
対 출석 808

□ 020
경기
競技、試合
漢 競技　動 경기하다
関 시합 試合

□ 021
경우
場合
漢 境遇

□ 022
경쟁
競争
漢 競争　動 경쟁하다
関 경쟁률[경쟁뉼] 競争率, 경쟁력[경쟁녁] 競争力

□ 023
경제
経済
漢 経済
関 경영 経営

□ 024
경찰
警察
漢 警察
関 경찰관 警察官

Q 慣用句　韓国語では？　仮面を脱ぐ、本心をさらけだす

「～するついでに」は-는 김에、「～したついでに」は -ㄴ/은 김에と表現します。ハン検3級レベルの表現なので、あわせて覚えておきましょう。

058

병원에 간 김에 피**검사**를 했다. ▸ 病院に行ったついでに血液検査をした。
지금부터 숙제 **검사**를 할게요. ▸ 今から宿題の点検をしますね。

이달 안으로 **결론**을 지읍시다. ▸ 今月中に結論を出しましょう。
결론이 나는 대로 알려 드릴게요. ▸ 結論が出次第、お知らせします。

결석은 한 적이 없는데요. ▸ 欠席はしたことがないんですが。
결석하면서까지 꼭 가야 되나요? ▸ 欠席してまで必ず行かなければなりませんか？

야구 **경기**를 보러 갈래요? ▸ 野球の試合を見に行きますか？
경기장에 가면 기분이 좋아질 겁니다. ▸ 競技場に行けば、気分が晴れると思います。

못 올 **경우**에는 전화 주세요. ▸ 来られない場合は、お電話ください。
경우에 따라서는 경기를 못 할 수 있어요. ▸ 場合によっては試合ができないかもしれません。

결국 **경쟁** 사회가 낳은 문제였다. ▸ 結局、競争社会が生んだ問題だった。
제품의 **경쟁**력을 높여야 한다. ▸ 製品の競争力を高めなければならない。

올해는 **경제**가 어렵다고 한다. ▸ 今年は経済が厳しいという。
경제말고도 경영에도 관심이 있다. ▸ 経済以外にも経営にも関心がある。

어릴 땐 **경찰**이 멋있게 보였다. ▸ 幼い頃は警察が格好よく見えた。
그래서 그런지 **경찰**관이 되고 싶었다. ▸ そのためか、警察官になりたかった。

A 慣用句こたえ 가면을 벗다

名詞2

🎧 002

□ 025
경험

経験
漢 経験　動 경험하다
関 경험자 経験者, 경험을 쌓다 経験を積む

□ 026
곁
[겯]

そば、脇
関 곁을 지키다 そばにいる

□ 027
계란
[게란]

卵、鶏卵
漢 鶏卵　同 달걀〔初級編 069〕
関 계란프라이 目玉焼き, 계란말이 卵焼き

□ 028
계절
[게절]

季節
漢 季節
関 사계절 四季

□ 029
고모

おば(父の姉妹)、おばさん
漢 姑母
関 이모 602, 고모부 おじ(고모の夫)

□ 030
고민

悩み
漢 苦悶
動 고민하다 悩む

□ 031
고생

苦労
漢 苦生　動 고생하다
関 마음 고생 気苦労

□ 032
고장

故障
漢 故障
関 고장 나다 故障する、壊れる

2日目 🎧 002
チェック!
答えは右ページ下

□ 検査	□ 場合	□ 経験	□ おば
□ 結論	□ 競争	□ そば	□ 悩み
□ 欠席	□ 経済	□ 卵	□ 苦労
□ 競技	□ 警察	□ 季節	□ 故障

경험은 없지만 해 보고 싶어요. ▸ 経験はありませんが、やってみたいです。
직접 **경험**해 봐야 알죠. ▸ 直接経験してみないと分からないでしょう。

언제까지나 **곁**에 있어 줄게요. ▸ いつまでもそばにいてあげますよ。
부모님 **곁**을 떠나서 혼자 살게 됐어요. ▸ 親元を離れて、独り暮らしをすることになりました。

계란은 매일 먹어도 된대요. ▸ 卵は毎日食べてもいいそうです。
아침에 **계란**프라이랑 야채를 먹었다. ▸ 朝ごはんに目玉焼きと野菜を食べた。

계절이 바뀔 때는 감기 조심해요. ▸ 季節の変わり目には、風邪に気をつけてね。
사**계절** 중에 봄을 제일 좋아해요. ▸ 四季の中で春が一番好きです。

어릴 적에 **고모**가 많이 놀아 줬다. ▸ 幼い頃、おばさんがよく遊んでくれた。
설날에 **고모**만 빼고 다 모였어요. ▸ 正月におばさんを除いて全員が集まりました。

고민이 있으면 뭐든지 말해요. ▸ 悩みがあれば、何でも話してください。
혼자 **고민**하지 말고 언제든 연락해요. ▸ 一人で悩まずに、いつでも連絡してください。

고생 끝에 좋은 일이 있겠지요. ▸ 苦労の末にいいことがあるでしょう。
고생했다고 밥을 사 주셨어요. ▸ ご苦労様とのことで、ご飯をおごってくださいました。

기계 **고장**으로 오후에는 쉽니다. ▸ 機械の故障で午後は休みます。
휴대폰이 **고장** 났나 봐요. ▸ 携帯電話が故障したようです。

2日目 002
チェック!
答えは左ページ下

□ 검사	□ 경우	□ 경험	□ 고모
□ 결론	□ 경쟁	□ 곁	□ 고민
□ 결석	□ 경제	□ 계란	□ 고생
□ 경기	□ 경찰	□ 계절	□ 고장

名詞3

003

□ 033
고통
苦痛、苦しみ
[漢] 苦痛
[形] 고통스럽다 苦痛だ

□ 034
공무원
公務員
[漢] 公務員

□ 035
공연
公演、コンサート
[漢] 公演
[関] 공연장 コンサート会場

□ 036
공짜
ただ、無料
[漢] 空-　[類] 무료 238
[関] 공짜로 ただで

□ 037
과거
過去
[漢] 過去　[対] 현재 850, 미래 246
[類] 지난날

□ 038
과정
過程、プロセス
[漢] 過程
[音] 과정 課程

□ 039
관광
観光
[漢] 観光　[動] 관광하다
[関] 관광객 観光客, 관광지 観光地

□ 040
관련
[괄련]
関連、関わり
[漢] 関連
[動] 관련하다, 관련되다 関わる

Q 慣用句　韓国語では？　顔が広い、知り合いが多い

「路上ライブ」は거리 공연もしくは버스킹(busking)と言います。
ソウルに行ったら一度見てみたいですね。

059

고통의 시간도 다 지나갈 것이다. ▸ 苦しい時間も、すべて過ぎ去るだろう。
고통으로 잠 못 이루던 때가 있었다. ▸ 苦しくて眠れない時があった。

공무원이 되기 위해 2 년간 준비했다. ▸ 公務員になるために2年間準備した。
아무리 **공무원**이라도 그건 안 되죠. ▸ いくら公務員でもそれはだめですよ。

거리에서 **공연**을 하기도 한대요. ▸ 路上で公演をしたりもするそうです。
공연장에 가는 걸 상상만 해도 좋다. ▸ コンサート会場に行くことを想像するだけでもいい。

세상에 **공짜**는 없는 겁니다. ▸ 世の中に、ただはないのです。
케이크를 주문하면 커피가 **공짜**래요. ▸ ケーキを注文するとコーヒーが無料だそうですよ。

그건 이미 **과거**의 일이 아닌가요? ▸ それはもう過去のことではないんですか?
지나간 **과거**는 잊어버려요. ▸ 過ぎ去った過去は忘れましょう。

모든 **과정**을 기록하기로 했다. ▸ すべての過程を記録することにした。
과정은 공정해야 한다. ▸ プロセスは公正であるべきだ。

관광버스를 탔는데 좋았어요. ▸ 観光バスに乗りましたが、良かったです。
관광한 뒤에 관계자를 만날 거예요. ▸ 観光した後で関係者に会うつもりです。

저와는 전혀 **관련**이 없어요. ▸ 私とは、まったく関連がありません。
농업과 **관련**된 일을 하고 있는데요. ▸ 農業に関わる仕事をしていますが。

A 慣用句 こたえ

발이 넓다

「顔が広い」は、韓国語では발이 넓다(足が広い)と言います。

名詞3

□ 041
관리
[괄리]

管理
漢 管理　動 관리하다
関 관리직 管理職

□ 042
교류

交流
漢 交流
動 교류하다

□ 043
교육

教育
漢 教育　動 교육하다
関 교육과정 教育課程, 교육학 教育学

□ 044
교장

校長
漢 校長

□ 045
교재

教材
漢 教材

□ 046
교통

交通
漢 交通
関 교통비 交通費

□ 047
구경

見物、観覧
動 구경하다
関 꽃구경 花見

□ 048
구멍

穴、抜け穴
関 구멍이 나다 穴があく

3日目　003
チェック!
答えは右ページ下

□ 苦痛	□ 過去	□ 管理	□ 教材
□ 公務員	□ 過程	□ 交流	□ 交通
□ 公演	□ 観光	□ 教育	□ 見物
□ ただ	□ 関連	□ 校長	□ 穴

시설 **관리**가 아주 잘 되어 있네요. ▸ 施設管理がとてもよくできていますね。
아파트 **관리** 사무소에서 **관리**한대요. ▸ マンションの管理事務所で管理するんですって。

외국 대학과 국제 **교류**를 하거든요. ▸ 外国の大学と国際交流をしているんです。
이게 **교류**하고 나서 찍은 사진이에요. ▸ これは交流して撮った写真です。

교육과정에 관심을 가지고 있어요. ▸ 教育課程に関心を持っています。
교육학을 전공한 분이랍니다. ▸ 教育学を専攻した方だそうです。

교장 선생님한테서 전화가 왔대요. ▸ 校長先生から電話が来たそうです。
중학교 **교장**을 하다가 알게 됐어요. ▸ 中学校の校長をしていて知り合いました。

교재든 단어집이든 뭐든 좋습니다. ▸ 教材でも単語集でも何でもいいですよ。
교재마다 도움이 되는 부분이 달라요. ▸ 教材ごとに役立つ部分が異なります。

지금 사는 곳은 **교통**이 편리해요. ▸ 今住んでいるところは交通が便利です。
교통사고가 나서 길이 막혀요. ▸ 交通事故が起きたので、道が混んでいます。

친구랑 꽃**구경**을 갔다 왔어요. ▸ 友達と花見に行ってきました。
들어오셔서 가게 **구경**하고 가세요. ▸ お入りになって、お店を見ていってください。

양말에 **구멍**이 났어요. ▸ 靴下に穴があきました。
이번에는 빠져나갈 **구멍**이 없어요. ▸ 今回は抜け穴がありません。

3日目 003
チェック!
答えは左ページ下

□ 고통	□ 과거	□ 관리	□ 교재
□ 공무원	□ 과정	□ 교류	□ 교통
□ 공연	□ 관광	□ 교육	□ 구경
□ 공짜	□ 관련	□ 교장	□ 구멍

1週目
2週目
3週目
4週目
5週目
6週目
7週目
8週目

名詞4

004

☐ 049
국내
[궁내]

国内
漢 国内
対 국외 国外, 해외〔初級編 551〕

☐ 050
국물
[궁물]

汁、スープ

☐ 051
국수
[국쑤]

麺、そうめん、うどん、ククス
※そうめん、うどんなどの麺類の総称。
関 칼국수 カルグクス

☐ 052
국어

国語
漢 国語

☐ 053
국제
[국쩨]

国際
漢 国際
関 국제적 国際的

☐ 054
군대

軍隊
漢 軍隊
関 군인 軍人

☐ 055
귀국

帰国
漢 帰国
動 귀국하다

☐ 056
그간

その間、これまで
漢 -間
類 그동안

Q 慣用句　韓国語では？　足を抜く、身を引く

글씨は「글〔入門編231〕+「形」「態度」などを表す接尾辞씨」です。接尾辞씨がつく単語には、他に마음씨(心立て、気立て)や말씨(言葉遣い)などがあります。

060

연휴 때 **국내** 여행을 갈 예정이다.
▸ 連休に国内旅行に行く予定である。

국내뿐 아니라 국외에까지 알려졌다.
▸ 国内のみならず国外にまで知られた。

국물이 맛있어서 다 먹었어요.
▸ スープがおいしくて全部飲みました。

우동 **국물**이 너무 짠 것 같아요.
▸ うどんつゆがしょっぱすぎる気がします。

점심때 **국수**를 먹을까 해요.
▸ お昼に麺類を食べようかと思います。

어제도 칼**국수**를 끓여 먹었어요.
▸ 昨日もカルグクスを作って食べました。

국어 시간에 배운 시를 기억한다.
▸ 国語の時間に習った詩を覚えている。

국어말고는 수학 시간이 좋았다.
▸ 国語のほかは、数学の時間が好きだった。

대학에서 **국제** 문화를 공부했어요.
▸ 大学で国際文化を勉強しました。

국제적으로 유명한 인물이랍니다.
▸ 国際的に有名な人物だそうです。

군대에 갔다 와서 변한 것 같다.
▸ 軍隊に行ってきてから、変わったようだ。

군대에서 하면 된다는 걸 배웠다.
▸ 軍隊で、 やればできるということを学んだ。

귀국 날짜가 아직 안 정해졌다.
▸ 帰国日がまだ決まっていない。

귀국하면 연락을 달라고 했다.
▸ 帰国したら連絡をくれと言った。

그간 변함없으시죠?
▸ その間お変わりないでしょう?

그간 많은 일이 있었던 모양이에요.
▸ その間たくさんのことがあったようです。

A 慣用句 こたえ 발을 빼다 (548)

名詞4

004

□ 057
그늘
日陰、陰

□ 058
그쯤
それぐらい、その程度
関 이쯤 このぐらい、この程度

□ 059
그해
その年
関 해[2]〔初級編550〕

□ 060
근거
根拠
漢 根拠
動 근거하다 根拠とする、基づく

□ 061
근본
根本、元
漢 根本
関 근본적 根本的

□ 062
글쓰기
文章を書くこと、作文
類 작문 697

□ 063
글씨
文字、字
類 글〔入門編231〕

□ 064
금지
禁止
漢 禁止
動 금지하다, 금지되다

4日目 004
チェック!
答えは右ページ下

□ 国内	□ 国際	□ 日陰	□ 根本
□ 汁	□ 軍隊	□ それぐらい	□ 文章を書くこと
□ 麺	□ 帰国	□ その年	□ 文字
□ 国語	□ その間	□ 根拠	□ 禁止

그늘에서 좀 쉬었다가 가요. ▸ 日陰で少し休んでから行きましょう。
너무 더워서 **그늘**만 찾아다녔다. ▸ 暑すぎて日陰ばかり探し回った。

그쯤은 저도 할 수 있을 것 같아요. ▸ そのぐらいは私もできると思います。
이 이야기는 **그쯤**에서 끝내죠. ▸ この話はそのへんで終わりにしましょう。

그해 겨울에 직장을 그만뒀다. ▸ その年の冬に職場を辞めた。
그해에 광고회사에 취직하게 됐다. ▸ その年に広告会社に就職することになった。

그렇게 말하는 **근거**는 뭔가요? ▸ そのように言う根拠は何ですか？
사실에 **근거**해서 말하는 겁니다. ▸ 事実に基づいて言っているのです。

그야말로 **근본**을 잊으면 안 된다. ▸ それこそ根本を忘れてはならない。
근본적인 문제에 대해 생각했다. ▸ 根本的な問題について考えた。

요즘도 **글쓰기** 연습을 하나요? ▸ 最近も作文の練習をしていますか？
말하기보다 **글쓰기**가 더 어려워요. ▸ 話すより書くのがもっと難しいです。

글씨를 예쁘게 쓰는군요. ▸ 字をきれいに書くんですね。
손 **글씨**로 쓴 편지를 받았어요. ▸ 手書きの手紙をもらいました。

밤 9시 이후에는 출입 **금지**래요. ▸ 夜9時以降は立ち入り禁止だそうです。
금지해서 해결될 일이 아닌데요. ▸ 禁止して解決できることではないのに。

4日目 004
チェック!
答えは左ページ下

□ 국내	□ 국제	□ 그늘	□ 근본
□ 국물	□ 군대	□ 그쯤	□ 글쓰기
□ 국수	□ 귀국	□ 그해	□ 글씨
□ 국어	□ 그간	□ 근거	□ 금지

5日目　副詞1

005

□065
가까이
①**近く**、近くに　②**親しく**　③**〜近く**
動 가까이하다 ①近寄る ②親しむ
対 멀리 386

□066
가득
いっぱい(に)
形 가득하다 いっぱいだ
同 가득히 いっぱいに

□067
가만히
じっと、黙って、おとなしく、静かに
※同じ意味で가만の形もよく使われます。

□068
게다가
そのうえ、それに、しかも
類 더구나 188

□069
결코
決して
漢 決-

□070
과연
さすが、果たして、やはり
漢 果然
類 역시 やはり

□071
그다지
さほど(〜ない)、あまり
類 그리[1] 075, 별로〔初級編311〕

□072
그래도
それでも、でも
関 안 그래도 それでなくても

Q　慣用句　韓国語では？　　手を引く、足を洗う、身を退く

가까이の이や가만히の히は、一部の名詞や形容詞の語幹について副詞を作る接尾辞です。

061

앞쪽으로 좀 **가까이** 오라고 했다. ▸ 前のほうにもう少し近づいて来いと言った。
선후배로 **가까이** 지내자고 말했다. ▸ 先輩・後輩として親しく過ごそうと話した。
한 시간 **가까이** 기다린 적이 있어요. ▸ 1時間近く待ったことがあります。

이 상자에 **가득** 채워서 드릴게요. ▸ この箱にいっぱい詰めて差し上げます。
공연장은 팬들로 **가득** 찼어요. ▸ コンサート会場はファンでいっぱいでした。

지금은 **가만히** 있으면 안 돼요. ▸ 今はじっとしていてはいけません。
가만 보고 있다가 한 마디 했대요. ▸ 黙って見ていて、一言言ったそうです。

젊고 솔직하고 **게다가** 친절해요. ▸ 若くて素直で、そのうえ優しいです。
춥기도 하고 **게다가** 바람도 셌다. ▸ 寒いし、それに風も強かった。
게다가 이 신발은 가격도 괜찮아요. ▸ しかもこの靴は値段もいいです。

합격하기가 **결코** 쉽지 않을 거예요. ▸ 合格するのは決して容易ではないでしょう。
결코 해서는 안 될 말을 하고 말았다. ▸ 決して言ってはいけないことを言ってしまった。

과연 멋있는 배우네요. ▸ さすが、素敵な俳優ですね。
과연 누구 말이 맞는지 보죠. ▸ 果たして誰の話が正しいのか見ましょう。

그다지 놀라운 사실은 아니었다. ▸ さほど驚くべき事実ではなかった。
가능성은 **그다지** 높지 않은 것 같다. ▸ 可能性はあまり高くないようだ。

조금 비싸긴 한데 **그래도** 사야죠. ▸ 少し高いですが、それでも買わないと。
아무리 **그래도** 이건 아니죠. ▸ いくらなんでもこれは違いますよね。

A 慣用句 こたえ 손을 떼다 (883)

副詞 1

005

□ 073
그러다가

そうしているうちに、そうしていては、そうこうするうちに

関 이러다가 こうしているうちに, 저러다가 ああしているうちに

□ 074
그러므로

それゆえ、だから

※主に書き言葉で使われます。

□ 075
그리^{1}

さほど(～ない)、そんなに

類 그다지 071, 그렇게〔初級編 227〕

音 그리^{2} 076

□ 076
그리^{2}

そこに、そちらに、そちらへ

※그리로の形もよく使われます。

類 그쪽〔初級編 045〕 関 이리(로) こちらに, 저리(로) あちらに 音 그리^{1} 075

□ 077
그만큼

それだけ、それほど、その程度

関 -만큼 ～くらい、～ほど(助詞)

□ 078
그야말로

まさに、それこそ

関 -(이)야말로 ～こそ(助詞)

□ 079
금방

今しがた、すぐ(に)、今にも

漢 今方

類 바로〔初級編 308〕

□ 080
깜빡

① **うっかり** ② **ちらっと**

動 깜빡하다

関 깜빡깜빡 ちらちら、うっかり

5日目 005
チェック!
答えは右ページ下

- □ 近く
- □ いっぱい
- □ じっと
- □ そのうえ
- □ 決して
- □ さすが
- □ さほど
- □ それでも
- □ そうしているうちに
- □ それゆえ
- □ さほど
- □ そこに
- □ それだけ
- □ まさに
- □ 今しがた
- □ うっかり

매일 만나고 **그러다가** 사귀게 됐다.	▸ 毎日会って、そうしているうちに付き合うことになった。
그러다가 공항버스를 놓치겠어요.	▸ そうしていては空港バスに乗り遅れます。
그러므로 국제 교류는 몹시 중요하다.	▸ それゆえ、国際交流は大変重要だ。
그러므로 기술자를 키워야 한다.	▸ だから、技術者を育てなければならない。
그리 대단한 것은 아닌 것 같아요.	▸ さほど大したことではないと思います。
뭘 **그리** 열심히 보고 있나요?	▸ 何をそんなに熱心に見ているんですか？
그러면 물건은 **그리** 보낼게요.	▸ それでは、品物はそこに送ります。
그리로 갈 테니까 거기 계세요.	▸ そちらへ行くからそこにいてください。
사장한테는 **그만큼** 많은 책임이 있죠.	▸ 社長にはそれだけ多くの責任があります。
그만큼 했으면 이제 됐어요.	▸ それぐらいやっていたら、もういいですよ。
그야말로 하늘과 땅 차이였다.	▸ まさに天と地の差だった。
그야말로 기쁜 소식이 아닐 수 없다.	▸ それこそ、うれしいニュースに違いない。
금방 갈 테니까 조금만 기다려요.	▸ すぐ行くから、ちょっと待っててね。
금방이라도 비가 쏟아질 것 같았다.	▸ 今にも雨が降り出しそうだった。
미안한데 **깜빡** 잊고 있었어요.	▸ 悪いけど、うっかり忘れていました。
저 멀리 **깜빡깜빡** 불빛이 보였다.	▸ 遠くのほうにちらちらと光が見えた。

5日目 005
チェック!
答えは左ページ下

□ 가까이	□ 결코	□ 그러다가	□ 그만큼
□ 가득	□ 과연	□ 그러므로	□ 그야말로
□ 가만히	□ 그다지	□ 그리	□ 금방
□ 게다가	□ 그래도	□ 그리	□ 깜빡

形容詞 1

006

□ 081
간단하다
簡単だ
漢 簡単-- 対 복잡하다 305
関 간단히 簡単に

□ 082
곱다<ㅂ>
[곱따]
きれいだ、 美しい
※主に「色や肌、声などがきれいだ」の場合に用います。

□ 083
굉장하다
すごい
漢 宏壮-- 類 대단하다 197
関 굉장히 すごく

□ 084
궁금하다
気がかりだ、 気になる、知りたい
関 궁금증 気がかり

□ 085
귀엽다<ㅂ>
[귀엽따]
かわいい

□ 086
그렇다<ㅎ>
[그러타]
そうだ、 そのようだ
※ㅎ変則については、巻末付録を参照。
関 그렇다고(해서) だからといって、そうだといって

□ 087
급하다
[그파다]
急だ、 急を要する、急いでいる
漢 急-- 関 급히 急に、急いで
慣 마음이 급하다 気持ちが焦る

□ 088
깊다
[깁따]
深い
対 얕다 416
関 깊이 ①深さ(名詞) ②深く(副詞)

Q 慣用句 韓国語では？ 息が合う、足並みが揃う、歩調が合う

그렇다の해요体「그래요」(そうです)は、もう覚えていると思います。그런(そんな)や그런가요?(そうなんですか?)なども丸ごと覚えておきましょう。

062

설명이 그리 **간단하지** 않아요. ▸ 説明がそんなに簡単ではありません。
아침은 **간단하게** 먹고 왔어요. ▸ 朝は簡単に食べてきました。

피부가 아주 **고우시네요**. ▸ お肌がとてもおきれいですね。
목소리가 **고와서** 아나운서 같아요. ▸ 声がきれいでアナウンサーのようです。

굉장한 인기를 끈 영화래요. ▸ すごい人気を集めた映画だそうです。
게다가 영화제 규모도 **굉장하네요**. ▸ それに映画祭の規模もすごいですね。

궁금한 건 뭐든지 물어보세요. ▸ 気になることは何でも聞いてください。
박물관은 몇 시에 닫는지 **궁금해요**. ▸ 博物館は何時に閉館するのか知りたいです。

귀여운 강아지를 키웠으면 좋겠다. ▸ かわいい子犬を飼えればいいな。
손이 작고 굉장히 **귀엽네요**. ▸ 手が小さくてとてもかわいいですね。

원래 회사가 다 **그런가요**? ▸ もともと会社はみんなそうなんですか?
여기만 **그렇고** 다른 데는 안 **그래요**. ▸ ここだけそうで、他のところはそうじゃないですよ。

급한 일부터 먼저 처리할게요. ▸ 急ぎの仕事から先に処理します。
마음이 **급해서** 일이 손에 안 잡혀요. ▸ 気持ちが焦って、仕事が手につきません。

깊은 곳은 깊이가 5미터나 된다. ▸ 深いところは深さが5メートルもある。
나이는 어린데 생각이 참 **깊네요**. ▸ 年は若いのに考えが本当に深いですね。

A 慣用句 こたえ

손발이 맞다
손발이 잘 맞다で「息がぴったりだ」。

形容詞1

□ 089
까맣다<ㅎ>
[까마타]

① **黒い** ② (時間、距離が) **はるかに遠い**
③ (까맣게の形で) **すっかり**
対 하얗다 636 類 검다〔初級編 148〕
関 까만색 黒色

□ 090
깨끗하다
[깨끄타다]

清潔だ、きれいだ
関 깨끗이 きれいに
対 더럽다 198

□ 091
낫다[2]<ㅅ>
[낟따]

ましだ、いい
音 낫다[1]〔初級編 163〕

□ 092
너무하다

あんまりだ、ひどい
※動詞(度が過ぎる)でも使われます。

□ 093
노랗다<ㅎ>
[노라타]

黄色い
関 노란색/노랑 黄色
関 노란 머리 金髪、黄色い髪

□ 094
놀랍다<ㅂ>
[놀랍따]

① **驚くべきだ** ② **目覚ましい**
③ **意外だ**
関 놀라움 驚き 動 놀라다〔初級編 165〕

□ 095
느리다

遅い、のろい
類 늦다[1]〔入門編 483〕
対 빠르다〔初級編 233〕, 급하다 087

□ 096
다름없다
[다르멉따]

同然だ、違いない、同じだ
関 다름없이 変わりなく、同様に

6日目 🎧006
チェック!
答えは右ページ下

□ 簡単だ	□ かわいい	□ 黒い	□ 黄色い
□ きれいだ	□ そうだ	□ 清潔だ	□ 驚くべきだ
□ すごい	□ 急だ	□ ましだ	□ 遅い
□ 気がかりだ	□ 深い	□ あんまりだ	□ 同然だ

까만 옷이 잘 어울리겠어요.	黒い服がよく似合いそうですね。
까맣게 먼 옛일처럼 느껴졌다.	はるかに遠い昔のことのように思えた。
친구 생일을 **까맣게** 잊고 있었어요.	友達の誕生日をすっかり忘れていました。
절의 화장실도 아주 **깨끗했다**.	お寺のトイレもとても清潔だった。
깨끗한 물과 맑은 공기가 좋았다.	きれいな水と澄んだ空気が良かった。
먼 친척보다 가까운 이웃이 **나아요**.	遠くの親戚より近くの隣人のほうがましです。
약을 먹는 게 **나을** 것 같아요.	薬を飲んだほうがいいと思います。
거짓말까지 하는 건 **너무하네요**.	嘘までつくのはあんまりです。
그래도 그런 말은 **너무한** 것 같아요.	でも、そんな言葉はひどいと思います。
노란 머리로 하면 어떨까요?	金髪にしたらどうでしょうか?
색깔이 **노래서** 바로 눈에 띄었다.	色が黄色だったので、すぐに目についた。
놀라운 일이란 뭔가요?	驚くべきこととは何ですか?
그간의 경제 발전이 **놀라워요**.	その間の経済発展が目覚ましいです。
안 다친 것이 **놀랍다고** 했다.	けがをしなかったのが意外だと言った。
인터넷이 **느려서** 답답해요.	インターネットが遅くてもどかしいです。
원래 행동이 좀 **느린** 편이에요.	もともと行動が少し遅いほうです。
이미 정해진 거나 **다름없다**.	すでに決まったも同然だ。
그날도 **다름없이** 일찍 출근했다.	その日も同様に早めに出勤した。

6日目 006
チェック!
答えは左ページ下

□ 간단하다	□ 귀엽다	□ 까맣다	□ 노랗다
□ 곱다	□ 그렇다	□ 깨끗하다	□ 놀랍다
□ 굉장하다	□ 급하다	□ 낫다	□ 느리다
□ 궁금하다	□ 깊다	□ 너무하다	□ 다름없다

動詞 1

007

☐ 097
가리키다
示す、指す

☐ 098
갈아입다
[가라입따]
着替える

☐ 099
갈아타다
乗り換える

☐ 100
감추다
隠す

☐ 101
개다
(天気が)晴れる

☐ 102
견디다
耐える
類 참다 759

☐ 103
고르다<르>
選ぶ
類 뽑다 549

☐ 104
고치다
直す、修理する

Q 慣用句　韓国語では？
見る目がある、目が高い

「仕事をやめる」「学校をやめる」の「やめる」には그만두다を、「お酒をやめる」「タバコをやめる」の「やめる」には끊다〔初級編084〕を使います。

🎧 063

이 말이 **가리키는** 건 뭘까요?
친구는 말없이 동쪽을 **가리켰다**.

▸ この言葉が示すことは何でしょうか？
▸ 友人は何も言わずに東を指差した。

옷을 **갈아입고** 나갈 준비를 했다.
목욕하고 잠옷으로 **갈아입었어요**.

▸ 服を着替えて出かける準備をした。
▸ お風呂に入ってパジャマに着替えました。

다음 역에서 버스로 **갈아타세요**.
전철을 두 번이나 **갈아타야** 돼요.

▸ 次の駅でバスに乗り換えてください。
▸ 電車を2回も乗り換えないといけません。

감추지 말고 사실대로 말해 줘요.
감출 수 있는 문제가 아니에요.

▸ 隠さずに本当のことを言ってください。
▸ 隠せる問題ではありません。

오후부터 날씨가 **개겠습니다**.
비가 그치고 하늘이 맑게 **갰다**.

▸ 午後から晴れるでしょう。
▸ 雨がやんで空が晴れ上がった。

견디다 보면 좋은 일이 있겠죠.
지금은 참고 **견디는** 수밖에 없어요.

▸ 耐えていれば、いいことがあるでしょう。
▸ 今は我慢して耐えるしかありません。

마음에 드는 걸로 **골라** 봐요.
다 예뻐서 **고르기** 어려워요.

▸ 気に入ったものを選んでみて。
▸ どれもきれいなので、選ぶのが難しいです。

한국어 작문 좀 **고쳐** 줄래요?
냉장고가 고장 나서 **고쳤어요**.

▸ 韓国語の作文を直してくれますか？
▸ 冷蔵庫が故障したので修理しました。

A 慣用句 こたえ

눈이 높다
「見る目がある」は、보는 눈이 있다とも言います。

動詞 1

007

□ 105
굽다<ㅂ>
[굽따]
焼く

□ 106
그러다<어>
そうする、 そういう
※어変則については、巻末付録を参照。

□ 107
그만두다
やめる
類 그만하다 (ある行動を)やめる

□ 108
그치다
① **やむ** ② **止まる**
類 멈추다 439
関 울음을 그치다 泣きやむ

□ 109
기르다<르>
① **育てる、** 飼う ②(髪などを)**伸ばす**
類 키우다 766
慣 힘을 기르다 力をつける、力を養う

□ 110
깨다[2]
割る、 (約束を)破る
音 깨다[1]〔初級編 081〕

□ 111
꺼내다
取り出す、 (話などを)切り出す
関 말을 꺼내다 話を切り出す

□ 112
끌다
引きずる、 引く
慣 눈을 끌다 目を引く、目を奪う

7日目 007
チェック!
答えは右ページ下

□ 示す	□ 晴れる	□ 焼く	□ 育てる
□ 着替える	□ 耐える	□ そうする	□ 割る
□ 乗り換える	□ 選ぶ	□ やめる	□ 取り出す
□ 隠す	□ 直す	□ やむ	□ 引きずる

1週目
2週目
3週目
4週目
5週目
6週目
7週目
8週目

저녁에 고기를 **구워** 먹었다. ▸ 夕食に肉を焼いて食べた。
부엌에서 고기 **굽는** 냄새가 났다. ▸ 台所から肉を焼くにおいがした。

선배가 괜찮다고 **그랬나요**? ▸ 先輩が大丈夫だと言ったんですか?
귀찮아서 **그러라고** 했어요. ▸ 面倒くさくて、そうしなさいと言いました。

도중에 **그만두고** 싶을 때도 있었죠. ▸ 途中でやめたい時もありましたよ。
그때 안 **그만두길** 잘했어요. ▸ あの時やめなくて良かったです。

비가 **그치면** 갑시다. ▸ 雨がやんだら、行きましょう。
기침이 **그치지** 않아서 약을 먹었어요. ▸ 咳が止まらないので、薬を飲みました。

아이를 낳고 **기르기**에 좋은 곳이에요. ▸ 子どもを産んで育てるのにいい所です。
머리를 **길러** 보고 싶어요. ▸ 髪を伸ばしてみたいです。

그릇을 정리하다가 접시를 **깼다**. ▸ 器を整理していて、皿を割った。
약속을 **깬** 사람이 나빠요. ▸ 約束を破った人が悪いです。

휴대폰을 **꺼내서** 책상 위에 놓았다. ▸ 携帯電話を取り出して、机の上に置いた。
말을 **꺼내** 봤는데 반응이 없네요. ▸ 話を切り出してみましたが、反応がありません。

여행 가방을 **끄는** 소리가 들렸다. ▸ スーツケースを引きずる音が聞こえた。
의자를 **끌어다가** 앉았다. ▸ 椅子を引いて座った。

7日目 007
チェック!
答えは左ページ下

□ 가리키다	□ 개다	□ 굽다	□ 기르다
□ 갈아입다	□ 견디다	□ 그러다	□ 깨다
□ 갈아타다	□ 고르다	□ 그만두다	□ 꺼내다
□ 감추다	□ 고치다	□ 그치다	□ 끌다

1週目 力試しドリル

問題1～7：(　　　) の中に入れるのに適切なものを、①～④の中から1つ選んでください。
問題8：すべての (　　　) に入れられるものを、①～④の中から1つ選んでください。

---

1. 디자인이 특이해서 눈을 (　　) 가방이 있었어요.

① 빼앗는　② 끄는　③ 깨는　④ 잡는

2. 이달 안으로 결론을 (　　) 할 것 같아요.

① 만들어야　② 붙여야　③ 나야　④ 지어야

3. 지난번에는 약속을 (　　) 정말 미안해요.

① 느려서　② 깜빡해서　③ 궁금해서　④ 급해서

4. 그날은 10% 할인도 되고 (　　) 포인트가 세 배래요.

① 그래도　② 그만큼　③ 게다가　④ 그러므로

5. 잘될 거니까 (　　) 걱정하지 않으셔도 됩니다.

① 결코　② 금방　③ 그리　④ 그러다

6. A : 비가 안 그치네요.

B : 오후부터 (　　　)고 했어요.

①내린다　②뜬다　③감춘다　④갠다

7. A : 이 중에서 어느 게 마음에 들어요?

B : 제가 (　　　) 돼요?

①골라도　②그래도　③끌어도　④고쳐도

8. A : 정말 피부가 하얗고(　　　).

B : 아나운서 같이 목소리가 아주 (　　　).

C : 이 한복이 디자인도 좋고 색도 (　　　).

①곱네요　②멋있네요　③깨끗하네요　④귀엽네요

解答・解説

1. ②

【日本語訳】デザインがユニークで目を(引く)カバンがありました。

①奪う　②引く　③破る　④つかむ

Point 눈을 끌다で「目を引く」「目を奪う」。

2. ④

【日本語訳】今月中に結論を(出さないと)いけないようです。

①作らないと　②くっつけないと　③出ないと　④出さないと

Point 결론을 짓다/내다で「結論を出す」。

3. ②

【日本語訳】この前は約束を(うっかり忘れて)本当にごめんなさい。

①遅くて　②うっかり忘れて　③気になって　④急で

Point 약속을 깜빡하다で「約束をうっかり忘れる」。

4. ③

【日本語訳】その日は10%割引もできて、(それに)ポイントが3倍だそうです。

①それでも　②それほど　③それに　④それゆえ

5. ③

【日本語訳】うまくいくから、(そんなに)心配なさらなくてもいいですよ。

①決して　②すぐに　③そんなに　④そうしているうちに

6. ④

【日本語訳】A：雨がやまないんですね。B：午後から(晴れる)そうですよ。

①降る　②昇る　③隠す　④晴れる

Point 개다は「(天気が)晴れる」という意味。

7. ①

【日本語訳】A：この中でどれが気に入っていますか？B：私が(選んでも)いいですか？

①選んでも(辞書形は고르다)　②そうしても(辞書形は그러다)　③引きずっても/引いても　④直しても

8. ①

【日本語訳】A：本当に肌が色白で(きれいですね)。B：アナウンサーのように声がとても(きれいですね/素敵ですね)。C：この韓服が、デザインも良くて色も(きれいですね)。

①きれいですね　②素敵ですね　③きれいですね　④かわいいですね。

Point Aには①③、Bには①②、Cには①が可能。곱다は主に皮膚や声、色などがきれいな場合に用いられる。

キクタン韓国語

2週目

✓ 学習したらチェック!

- ■ 8日目　名詞5
- ■ 9日目　名詞6
- ■ 10日目　名詞7
- ■ 11日目　名詞8
- ■ 12日目　副詞2
- ■ 13日目　形容詞2
- ■ 14日目　動詞2
- ■ 2週目　力試しドリル

색깔도 예쁘고 사이즈도 꼭 맞아요.

(例文の意味は178参照)

名詞 5

🎧 008

□ 113
기간

期間

漢 期間

□ 114
기념

記念

漢 記念　動 기념하다

関 기념일 記念日, 기념품 記念品

□ 115
기대

期待

漢 期待　動 기대하다 楽しみにする, 기대되다 楽しみだ　関 기대를 걸다 期待をかける、期待する

□ 116
기록

記録

漢 記録

動 기록하다

□ 117
기름

油、オイル、ガソリン

関 참기름 ごま油

□ 118
기쁨

喜び

※기쁘다(うれしい)の名詞形。

対 슬픔 悲しみ

□ 119
기사[1]

記事

漢 記事

関 기자 記者

□ 120
기술

技術

漢 技術

関 기술자 技術者

Q 慣用句　韓国語では？　見る目がない

動詞や形容詞の語幹にㅁもしくは음がつくと名詞になります。
기쁘다→기쁨(喜び)、모이다→모임(集まり)、웃다→웃음(笑い)
などがあります。

064

그럼 **기간**을 정해 놓고 하죠. ▸ では、期間を決めてからにしましょう。
그때는 시험 **기간**이라서 안 돼요. ▸ その時は試験期間なのでだめです。

졸업 **기념**으로 해외여행을 갈 거예요. ▸ 卒業記念に海外旅行に行くつもりです。
결혼**기념**일을 잊어버린 모양이에요. ▸ 結婚記念日を忘れてしまったようです。

기대도 안 했는데 정말 대단해요. ▸ 期待もしなかったのに本当にすごいです。
다음 주의 드라마가 정말 **기대**돼요. ▸ 来週のドラマがとても楽しみです。

당시 **기록**을 전부 찾아봤어요. ▸ 当時の記録を全部探してみました。
영상으로 **기록**해 두는 것도 좋아요. ▸ 映像で記録しておくのもいいです。

기름 많은 음식은 피하세요. ▸ 脂っこい食べ物は避けてください。
차에 **기름**을 넣고 가요. ▸ 車にガソリンを入れてから行きましょう。

기쁨은 나누면 두 배가 된대요. ▸ 喜びは分かち合えば2倍になるそうです。
슬픔과 **기쁨**이 동시에 찾아왔다. ▸ 悲しみと喜びが同時に訪れた。

기사를 읽은 독자한테서 편지가 왔다. ▸ 記事を読んだ読者から手紙が来た。
기자가 돼서 처음 쓴 **기사**였다. ▸ 記者になって初めて書いた記事だった。

기술을 배워 보는 건 어떨까요? ▸ 技術を学んでみてはいかがでしょうか？
기술자가 되려면 몇 년은 걸려요. ▸ 技術者になるには何年もかかりますよ。

A 慣用句 こたえ

눈이 낮다
「見る目がない」は、보는 눈이 없다とも言います。

名詞5

008

□ 121
기업
企業
漢 企業
関 기업가 企業家, 대기업 大企業

□ 122
기온
気温
漢 気温
類 온도 578

□ 123
기준
基準
漢 基準

□ 124
기회
機会、チャンス
漢 機会
関 기회를 놓치다 チャンスを逃す

□ 125
긴장
緊張
漢 緊張
動 긴장하다, 긴장되다

□ 126
길이
長さ
※길다(長い)の名詞形。
関 높이 142

□ 127
나머지
残り、余り

□ 128
나중
(時間的に)**あと**
関 나중에 あとで

8日目 008
チェック!
答えは右ページ下

□ 期間	□ 油	□ 企業	□ 緊張
□ 記念	□ 喜び	□ 気温	□ 長さ
□ 期待	□ 記事	□ 基準	□ 残り
□ 記録	□ 技術	□ 機会	□ あと

기업 경영에 관한 강의를 들었다.
대기업에 취직했다가 그만뒀다.

▸ 企業経営に関する講義を受けた。
▸ 大企業に就職したが、辞めてしまった。

비 온 뒤에 **기온**이 많이 떨어졌다.
기온 차가 심하니까 감기 조심해요.

▸ 雨が降った後、気温がずいぶん下がった。
▸ 気温差が激しいから、風邪に気をつけてね。

뭘 **기준**으로 할지 의견을 모아 볼게요.
다음번까지 **기준**을 세워 보겠습니다.

▸ 何を基準にするか意見を集めてみます。
▸ 次回までに基準を立ててみます。

마지막 **기회**니까 열심히 해야죠.
기회를 잡으려면 준비가 필요해요.

▸ 最後の機会だから頑張らなきゃ。
▸ チャンスをつかむには準備が必要です。

긴장을 풀기 위해 물을 좀 마셨다.
긴장하지 말고 편하게 말씀하세요.

▸ 緊張をほぐすために水を少し飲んだ。
▸ 緊張しないで気楽にお話しください。

바지 **길이**가 좀 짧은 것 같아요.
코트 **길이**는 딱 맞네요.

▸ ズボンの丈が少し短いようです。
▸ コートの長さはぴったりですね。

나머지는 다음에 설명하겠습니다.
너무 기쁜 **나머지** 소리를 질렀어요.

▸ 残りは次回ご説明します。
▸ 嬉しさの余り、大声を上げました。

나중 일은 **나중**에 생각하죠.
나중에라도 자료를 찾아보세요.

▸ あとのことは、あとで考えましょう。
▸ あとにでも、資料を探してみてください。

8日目 008
チェック!
答えは左ページ下

□ 기간	□ 기름	□ 기업	□ 긴장
□ 기념	□ 기쁨	□ 기온	□ 길이
□ 기대	□ 기사	□ 기준	□ 나머지
□ 기록	□ 기술	□ 기회	□ 나중

1週目
2週目
3週目
4週目
5週目
6週目
7週目
8週目

名詞6

🎧 009

□ 129 **나흘**	**4日**、4日間 関 사흘 353
□ 130 **날마다**	**毎日**、日ごと(に)、日々 類 매일 関 -마다(助詞) ～(の)たびに、～ごとに
□ 131 **남**	**他人**、(自分以外の)人 類 남남 赤の他人
□ 132 **내과** [내꽈]	**内科** 漢 内科 関 외과[외꽈] 外科
□ 133 **내용**	**内容** 漢 内容
□ 134 **내주** ★ 래주	**来週** 漢 来週　同 다음 주〔入門編 177〕 関 내달 来月
□ 135 **내후년** ★ 래후년	**再来年** 漢 来後年
□ 136 **냄비** ★ 램비	**なべ**

Q 慣用句　韓国語では？　胸が熱い、情熱的だ

漢字語の中には、2番目に来ると例外的に濃音で発音されるものがあります。내과(内科)や외과(外科)の「科」もその1つです。

065

조사하는 데 **나흘**은 걸려요.	▸ 調査するのに4日はかかります。
나흘 뒤에 연락을 주신답니다.	▸ 4日後にご連絡をいただけるそうです。
하루도 빠짐없이 **날마다** 운동한다.	▸ 一日も欠かさず毎日運動している。
날마다 조금씩 좋아질 거예요.	▸ 日ごとに少しずつ良くなるでしょう。
부부도 이혼하면 **남**이잖아요.	▸ 夫婦も離婚したら他人でしょう。
남의 말을 그대로 믿으면 안 돼요.	▸ 人の言葉をそのまま信じてはいけません。
목이 아파서 **내과**에 갔다 왔어요.	▸ 喉が痛くて内科に行ってきました。
내과는 가까운데 정형외과가 너무 멀어요.	▸ 内科は近いけど、整形外科が遠すぎます。
나머지 **내용**도 알 수 있을까요?	▸ 残りの内容も教えていただけますか？
내용은 이틀 후에 알게 될 겁니다.	▸ 内容は2日後に分かるでしょう。
내주까지는 결과가 나올까요?	▸ 来週までには結果が出るでしょうか？
내달이 아니라 **내주**라고요?	▸ 来月じゃなく、来週ですって？
내후년에 미국에 갈 것 같아요.	▸ 再来年に、アメリカに行けそうです。
내년이 아니라 **내후년**에 간다고요?	▸ 来年じゃなく、再来年に行くんですって？
냄비에 있던 찌개, 다 먹었나요?	▸ なべにあったチゲ、全部食べたんですか？
밥그릇과 **냄비**를 부엌으로 가져와요.	▸ お茶碗となべを台所に持ってきてください。

A 慣用句 こたえ　가슴이 뜨겁다

名詞6

□ 137
냉장고
★ 랭장고

冷蔵庫

漢 冷蔵庫

□ 138
노동
★ 로동

労働

漢 労働　動 노동하다

関 노동자 労働者

□ 139
녹색
[녹쌕]　★ 록색

緑色

漢 緑色

類 초록색 緑色

□ 140
녹음
★ 록음

録音

漢 録音

動 녹음하다, 녹음되다

□ 141
농담
★ 롱담

冗談

漢 弄談

動 농담하다

□ 142
높이

① **高さ**　②(副詞的に)**高く**

※높다(高い)の名詞形。

関 길이 126

□ 143
눈치

勘、表情、顔色

慣 눈치가 없다 勘が鈍い、機転がきかない、センスがない

□ 144
느낌

感じ、気持ち

※느끼다(感じる)の名詞形。

関 느낌이 들다 気がする、感じがする

9日目　🎧 009
チェック!
答えは右ページ下

□ 4日	□ 内容	□ 冷蔵庫	□ 冗談
□ 毎日	□ 来週	□ 労働	□ 高さ
□ 他人	□ 再来年	□ 緑色	□ 勘
□ 内科	□ なべ	□ 録音	□ 感じ

냉장고에서 반찬 좀 꺼내 줄래요?
냉장고가 또 고장 난 것 같아요.

▸ 冷蔵庫からおかずを出してくれますか?
▸ 冷蔵庫がまた故障したようです。

노동 시간은 하루에 8 시간입니다.
노동자의 권리라고 말해 줬어요.

▸ 労働時間は1日に8時間です。
▸ 労働者の権利だと言ってあげました。

노란색과 **녹색** 중에 어느 게 좋아요?
이번에는 **녹색**으로 할까 해요.

▸ 黄色と緑色のうち、どちらがいいですか?
▸ 今回は緑色にしようかと思います。

휴대폰으로 한 **녹음**은 어때요?
녹음한 거 확인했는데 괜찮았어요.

▸ 携帯電話でした録音はどうですか?
▸ 録音したものを確認しましたが、大丈夫でした。

농담이니까 오해하지 마세요.
앞으로 그런 **농담**은 하지 말아 줘요.

▸ 冗談だから誤解しないでください。
▸ これからはそんな冗談は言わないでください。

벽 **높이**는 1미터쯤 되는 것 같다.
지금까지의 노력을 **높이** 평가했다.

▸ 壁の高さは1メートルほどになるらしい。
▸ これまでの努力を高く評価した。

눈치가 있어서 잘할 거예요.
눈치 보지 말고 자기 생각을 말해 봐요.

▸ 勘がいいから、うまくやると思います。
▸ 顔色を伺わずに、自分の考えを言ってみてください。

소년 만화의 주인공 같은 **느낌**이네요.
그 **느낌**을 뭐라고 표현할 수 없어요.

▸ 少年漫画の主人公みたいな感じですね。
▸ その気持ちを何とも表現できません。

9日目 009
チェック!
答えは左ページ下

□ 나흘	□ 내용	□ 냉장고	□ 농담
□ 날마다	□ 내주	□ 노동	□ 높이
□ 남	□ 내후년	□ 녹색	□ 눈치
□ 내과	□ 냄비	□ 녹음	□ 느낌

1週目
2週目
3週目
4週目
5週目
6週目
7週目
8週目

名詞7

010

□ 145
능력
[능녁]

能力
漢 能力
関 무능력 無能力

□ 146
단계
[단게]

段階
漢 段階
関 단계별 段階別

□ 147
단추

(衣服の)**ボタン**
関 단추를 풀다 ボタンを外す

□ 148
담임

担任
漢 担任

□ 149
답안

答案、答案用紙
漢 答案
類 답안지(答案紙) 答案用紙

□ 150
답장
[답짱]

返信、返事
漢 答状
動 답장하다

□ 151
당장

その場(で)、即刻、今のところ、(副詞的に)すぐに
漢 当場　類 바로〔初級編 308〕

□ 152
대부분

大部分、ほとんど、(副詞的に)ほとんど
漢 大部分
類 대개 186

Q 慣用句　韓国語では？　(心配事で)胸が苦しい

衣服の「ボタン」は단추と言いますが、居酒屋などで注文の際に使う「ボタン」には、버튼が使われます。

🎧 066

능력이 있는지는 아직 몰라요.	能力があるかはまだ分かりません。
한국어**능력**시험을 보려고요.	韓国語能力試験を受けようと思います。
초급, 중급, 상급의 3 **단계**가 있어요.	初級、中級、上級の3段階があります。
단계별로 목표가 정해져 있고요.	段階別に目標が決まっています。
어디서 **단추**가 떨어진 모양이에요.	どこかでボタンが落ちたようです。
집에 가서 **단추**를 달아야겠어요.	家に帰ってボタンをつけなければなりません。
담임을 맡게 될 것 같아요.	担任を受け持つことになりそうです。
담임 선생님한테서 연락이 왔나요?	担任の先生から連絡が来たんですか?
답안을 시간 내에 다 못 썼어요.	答案を時間内に書ききれませんでした。
시간이 됐으니까 **답안**지를 내세요.	時間になったので答案用紙を出してください。
답장이 늦어서 대단히 죄송합니다.	返信が遅くなり、大変申し訳ございません。
메일을 보고 바로 **답장**했는데요.	メールを見てすぐ返事したんですが。
당장 확인해 보자고 했다.	その場で確認してみようと言った。
당장은 괜찮다고 합니다.	今のところは大丈夫だそうです。
마음 같아서는 **당장** 그만두고 싶어요.	気持ちとしては、今すぐ辞めたいです。
열에 아홉, **대부분**의 사람들은 몰라요.	十中八九、ほとんどの人は知りません。
번역은 **대부분** 끝난 모양이에요.	翻訳はほとんど終わったようです。

A 慣用句 こたえ　가슴이 답답하다 (195)

名詞 7

010

□ 153
대신

① **身代わり**、代理、代わり
② (副詞的に) **代わりに**
漢 代身　動 대신하다

□ 154
대책

対策
漢 対策
慣 대책이 안 서다 なすすべがない

□ 155
대통령
[대통녕]

大統領
漢 大統領

□ 156
대표

代表
漢 代表
動 대표하다, 대표되다

□ 157
대화

対話、会話、話し合い
漢 対話　動 대화하다
関 대화를 나누다 会話を交わす

□ 158
덕분
[덕뿐]

おかげ、恩恵
※ 덕분에 の形でよく使われます。
漢 徳分

□ 159
도망

逃亡
漢 逃亡
関 도망을 가다 / 도망가다 / 도망을 치다 逃げる

□ 160
도중

途中
漢 途中

10日目　010
チェック!
答えは右ページ下

□ 能力	□ 答案	□ 身代わり	□ 対話
□ 段階	□ 返信	□ 対策	□ おかげ
□ ボタン	□ その場	□ 大統領	□ 逃亡
□ 担任	□ 大部分	□ 代表	□ 途中

그 **대신**에 제가 점심을 살게요.
▸ その代わりに私が昼食をおごります。

부장님 **대신** 과장님이 오셨어요.
▸ 部長の代わりに課長が来ました。

곧 **대책**을 발표한답니다.
▸ まもなく対策を発表するそうです。

빨리 **대책**을 세워야 할 거예요.
▸ 早く対策を立てなければならないと思います。

미국 **대통령**이 일본에 온대요.
▸ アメリカの大統領が日本に来るんですって。

대통령제에 관해 알아봅시다.
▸ 大統領制について調べてみましょう。

대표가 있지도 않은 말을 했다고요.
▸ 代表がありもしないことを言ったんです。

사원을 **대표**해서 말씀드리겠습니다.
▸ 社員を代表して申し上げます。

대표가 **대화**의 자리를 만들었어요.
▸ 代表が対話の席を設けました。

회사 측과 **대화**로 해결하겠습니다.
▸ 会社側と話し合いで解決します。

덕분에 잘 해결됐답니다.
▸ おかげさまでうまく解決できたそうです。

알려 주신 **덕분**에 잘 끝났어요.
▸ 教えていただいたおかげで、無事に終わりました。

가끔 **도망**을 가고 싶을 때가 있어요.
▸ たまに逃げ出したい時があります。

한때 **도망** 다니는 꿈을 자주 꿨어요.
▸ 一時は逃げ回る夢をよく見ました。

회의 **도중**에 전화벨이 울렸다.
▸ 会議の途中で電話のベルが鳴った。

집에 가는 **도중**에 일이 생겼어요.
▸ 家に帰る途中で用事ができました。

10日目 010
チェック!
答えは左ページ下

□ 능력	□ 답안	□ 대신	□ 대화
□ 단계	□ 답장	□ 대책	□ 덕분
□ 단추	□ 당장	□ 대통령	□ 도망
□ 담임	□ 대부분	□ 대표	□ 도중

名詞8

011

□ 161
독립
[동닙]

独立
漢 独立
動 독립하다

□ 162
동기

動機、きっかけ
漢 動機

□ 163
동네

町内、町
漢 洞 -

□ 164
동료
[동뇨]

同僚
漢 同僚

□ 165
동창

同窓、同級生
漢 同窓
関 동창회 同窓会

□ 166
된장

テンジャン(韓国の味噌)
関 된장국 味噌汁

□ 167
둘레

周り、周囲
関 허리둘레 胴回り, 목둘레 首回り

□ 168
등산

登山、山登り
漢 登山
動 등산하다

Q 慣用句　韓国語では？　目に入れても痛くない、とてもかわいい

「末っ子」の막내と関連して、막차(막＋차)をご紹介します。この막は「最後」の意味を表す接頭辞なので、「終電」「終バス」という意味でよく使われます。

067

우선 경제적으로 **독립**을 하려고요. 빨리 **독립**해서 혼자 살고 싶어요.	▸ まず経済的に独立しようと思います。 ▸ 早く独立して、一人暮らしをしたいです。
영어 학습 **동기**에 관해 쓰세요. 일을 시작한 **동기**는 무엇인가요?	▸ 英語の学習動機について書いてください。 ▸ 仕事を始めたきっかけは何ですか?
동네에 산책코스가 생겼어요. 살기 좋은 **동네**라고 합니다.	▸ 町内に散歩コースができました。 ▸ 住みやすい町だそうです。
회사 **동료**의 도움을 받았어요. **동료**로서 할 일을 했을 뿐이에요.	▸ 会社の同僚に手伝ってもらいました。 ▸ 同僚としてすべきことをしただけです。
중학교 **동창**이랑 셋이서 봐요. 오랜만에 **동창**회에도 가자고 했어요.	▸ 中学校の同級生と3人で会いましょう。 ▸ 久しぶりに同窓会にも行こうと話しました。
배추**된장**국이 제일 맛있네요. 맛있는 **된장**찌개를 끓였어요.	▸ 白菜の味噌汁が一番おいしいですね。 ▸ おいしいテンジャンチゲを作りました。
집 **둘레**에 키 큰 나무를 심었다. 허리**둘레**가 3 센티나 줄었다고 한다.	▸ 家の周りに背の高い木を植えた。 ▸ 胴回りが3センチも減ったという。
취미가 **등산**이라고 합니다. 주말마다 **등산**하는 게 즐거움이래요.	▸ 趣味は登山だそうです。 ▸ 週末ごとに山登りするのが楽しみだそうです。

A 慣用句 こたえ　눈에 넣어도 아프지 않다

名詞8

011

□169
딸기
イチゴ

□170
땅
土地、地面
類 토지 土地
慣 하늘과 땅 차이 雲泥の差、天と地の差

□171
마늘
ニンニク

□172
마당
庭、広場

□173
막걸리
[막껄리]
マッコリ、にごり酒

□174
막내
[망내]
末っ子

□175
만약
万一、(副詞的に)もしも
漢 万若
類 만일〔初級編305〕

□176
만족
満足
漢 満足
形 만족하다, 만족스럽다

11日目 011
チェック!
答えは右ページ下

□ 独立	□ 同窓	□ イチゴ	□ マッコリ
□ 動機	□ テンジャン	□ 土地	□ 末っ子
□ 町内	□ 周り	□ ニンニク	□ 万一
□ 同僚	□ 登山	□ 庭	□ 満足

퇴근 길에 **딸기**를 사 갈게요.
딸기 케이크도 사다 주세요.

▸ 仕事帰りにイチゴを買っていきます。
▸ イチゴのショートケーキも買ってきてください。

땅을 사서 집을 지으려고 해요.
그냥 거기 **땅**에 놓으세요.

▸ 土地を買って家を建てようと思います。
▸ そのままそこの地面に置いてください。

닭고기 요리에 **마늘**도 넣나요?
마늘이 들어가야 맛있죠.

▸ 鶏肉料理にニンニクも入れますか？
▸ ニンニクを入れてこそ、おいしいんですよ。

새집은 **마당**이 넓은가요?
마당은 그다지 넓지 않답니다.

▸ 新居は庭が広いんですか？
▸ 庭はさほど広くないそうです。

평소에 **막걸리**도 드시나요?
막걸리보다 맥주가 좋으시답니다.

▸ 普段はマッコリもお飲みになりますか？
▸ マッコリよりビールのほうがお好きだそうです。

3 형제의 **막내**라서 제일 귀여워요.
인기 그룹의 **막내**로 활동 중이래요.

▸ 3人兄弟の末っ子なので一番かわいいです。
▸ 人気グループの末っ子として活動中だそうです。

만약을 생각해서 준비해 놓았어요.
만약 또 실패하면 어떡하죠?

▸ 万一のことを考えて準備しておきました。
▸ もしもまた失敗したらどうしましょう。

현재 생활에 **만족**을 느끼시나요?
그런대로 **만족**하며 살고 있어요.

▸ 現在の生活に満足を感じていますか？
▸ それなりに満足して暮らしています。

11日目 011
チェック!
答えは左ページ下

□ 독립	□ 동창	□ 딸기	□ 막걸리
□ 동기	□ 된장	□ 땅	□ 막내
□ 동네	□ 둘레	□ 마늘	□ 만약
□ 동료	□ 등산	□ 마당	□ 만족

副詞2

012

□ 177
깜짝

びっくり
関 깜짝 놀라다 びっくりする
感 깜짝이야 びっくりした

□ 178
꼭[2]

① **ぎゅっと**、固く ② **あたかも**
③ **ちょうど**、ぴったり
類 마치 300 音 꼭[1]〔初級編301〕

□ 179
꽤

かなり、ずいぶん
類 제법 613

□ 180
끝내
[끈내]

最後まで、ついに
類 끝끝내 最後まで

□ 181
나란히

並んで
慣 어깨를 나란히 하다 肩を並べる

□ 182
너무나

あまりにも
※너무나도の形もよく使われます。
関 너무〔入門編303〕

□ 183
널리

広く、寛大に

□ 184
다만

ただ、単に、ただし

Q 慣用句　韓国語では？ （過失などに）目をつぶる

대체と대체로は異なる意味の副詞です。대체は「いったい」、대체로は「だいたい」「おおむね」という意味なので、間違えないようにしましょう。

068

깜짝 놀라서 뒤를 돌아봤다.	▸ びっくりして後ろを振り返った。
친구로부터 **깜짝** 선물을 받았다.	▸ 友達からサプライズプレゼントをもらった。
우는 아이를 **꼭** 안아 줬어요.	▸ 泣く子をぎゅっと抱きしめてあげました。
오늘은 **꼭** 여름 날씨 같네요.	▸ 今日は、あたかも夏のような天気ですね。
색깔도 예쁘고 사이즈도 **꼭** 맞아요.	▸ 色もきれいだし、サイズもぴったりです。
영어뿐 아니라 한국어도 **꽤** 잘한다.	▸ 英語だけでなく、韓国語もかなり上手だ。
집이 회사에서 **꽤** 먼가 봐요.	▸ 家が会社からかなり遠いようです。
부탁을 **끝내** 거절하지 못했나 봐요.	▸ 頼みを最後まで断れなかったようです。
약속 장소에 **끝내** 안 나타났다고?	▸ 約束の場所についに現れなかったって？
친구랑 **나란히** 앉아서 영화를 봤다.	▸ 友達と並んで座り、映画を見た。
스타와 어깨를 **나란히** 할 만큼 컸다.	▸ スターと肩を並べるほど大きくなった。
그동안 **너무나** 많은 일을 경험했다.	▸ これまであまりにも多くのことを経験した。
너무나도 달라진 모습에 말을 잃었다.	▸ あまりにも変わり果てた姿に言葉を失った。
그때부터 **널리** 알려지기 시작했다.	▸ その時から広く知られるようになった。
불편하게 한 점 **널리** 이해해 주세요.	▸ ご迷惑をおかけした点、寛大にご理解のほどお願いします。
다만 도와주고 싶었을 뿐이에요.	▸ ただ手伝いたかっただけです。
다만 한 가지 조건이 있어요.	▸ ただし、１つ条件があります。

A 慣用句 こたえ　눈을 감다

副詞2

012

□185
달리
他に、別に
動 달리하다 異にする
関 -과/와 달리 ～と違って

□186
대개
たいてい、おおよそ
漢 大概
類 대체로 187, 대부분 152

□187
대체로
だいたい、おおむね
漢 大体-
類 대개 186

□188
더구나
そのうえ、しかも、さらに
類 게다가 068
関 더군다나 さらに、しかも

□189
덜
①**より少なく**　②**まだ～ない**
対 더〔入門編 305〕
形 덜하다 200

□190
도대체
① **いったい**、一体全体　② **全然**、全く
漢 都大体
類 대체(①の意味), 전혀(②の意味)

□191
도저히
到底
漢 到底-

□192
되게
すごく、非常に、とても
類 아주〔入門編 392〕, 굉장히 すごく, 대단히 すごく、非常に

12日目　012
チェック!
答えは右ページ下

□ びっくり	□ 並んで	□ 他に	□ より少なく
□ ぎゅっと	□ あまりにも	□ たいてい	□ いったい
□ かなり	□ 広く	□ だいたい	□ 到底
□ 最後まで	□ ただ	□ そのうえ	□ すごく

현재로서는 **달리** 방법이 없어요. ▸ 今のところは、他に方法がありません。
보기와 **달리** 농담을 잘하시네요. ▸ 見た目とは違って、冗談がお上手ですね。

이 꽃은 **대개** 이른 봄에 핍니다. ▸ この花はたいてい早春に咲きます。
대개 아이들은 단것을 좋아하죠. ▸ たいていの子どもたちは甘いものが好きですよ。

대체로 의견이 일치했다고 한다. ▸ だいたい意見が一致したという。
보고 내용은 **대체로** 괜찮은 것 같다. ▸ 報告内容は、おおむねよさそうだ。

늦잠을 잤는데 **더구나** 길까지 막혀서…. ▸ 寝坊して、そのうえ道まで渋滞して…。
더구나 소문이 회사에까지 퍼졌다. ▸ しかも、うわさは会社にまで広がった。

덜 먹는 수밖에 없어요. ▸ 食べるのを控えるしかありません。
무가 **덜** 익은 것 같은데요. ▸ 大根がまだ火が通っていないようですが。

도대체 누구한테 하는 말이죠? ▸ いったい誰に言っているんですか？
무슨 말인지 **도대체** 모르겠어요. ▸ 何のことか、まったく分かりません。

도저히 불가능한 일이라고 했대요. ▸ 到底不可能なことだと言ったそうです。
도저히 받아들이기 어려운 조건이군요. ▸ 到底受け入れがたい条件ですね。

거기는 길이 **되게** 복잡한데요. ▸ そこは道がすごく複雑ですが。
되게 간단한 문제라서 해결했어요. ▸ とても簡単な問題なので解決しました。

12日目 012
チェック!
答えは左ページ下

□ 깜짝	□ 나란히	□ 달리	□ 덜
□ 꼭	□ 너무나	□ 대개	□ 도대체
□ 꽤	□ 널리	□ 대체로	□ 도저히
□ 끝내	□ 다만	□ 더구나	□ 되게

13日目 形容詞2

🎧 013

□ 193

다양하다

多様だ

漢 多様--

□ 194

단순하다

単純だ

漢 単純--　対 복잡하다 305

関 단순히 単純に

□ 195

답답하다

[답따파다]

息苦しい、もどかしい

慣 속이 답답하다 胃がもたれる，가슴이 답답하다 (心配事で)胸が苦しい

□ 196

당연하다

当然だ

漢 当然--

関 당연히 当然、当然に

□ 197

대단하다

甚だしい、すごい、大したものだ

関 대단히 すごく、非常に

類 굉장하다 083

□ 198

더럽다<ㅂ>

[더럽따]

汚い

関 더러움 汚れ

対 깨끗하다 090

□ 199

더하다[1]

(程度などが)**より重い**、より大きい

※-보다 더하다の形で使われます。

対 덜하다 200　音 더하다[2] (動詞) 327

□ 200

덜하다

① (程度などが)**より少ない**、より軽い

② (前より)**減る**、和らぐ

※-보다 덜하다の形で使われます。

対 더하다[1] 199

Q 慣用句　韓国語では？　心を許す、打ち解ける

韓国では미운 다섯 살(憎たらしい5歳)という表現があります。
何でも「いやだ」と言ったり、すぐかんしゃくを起こしたりする
時期を指す表現としてよく使われます。

069

다양한 의견이 나왔다고 해요. ▸ 多様な意見が出てきたそうです。

색도 **다양하고** 사이즈도 풍부해요. ▸ 色も多様でサイズも豊富です。

내용이 **단순해서** 알기 쉬워요. ▸ 内容が単純で分かりやすいです。

문제가 그렇게 **단순하지** 않아요. ▸ 問題はそんなに単純ではありません。

답답한 도시를 떠나고 싶어요. ▸ 息苦しい都市を離れたいです。

이도 저도 아니고 **답답해** 죽겠어요. ▸ どっちつかずで、もどかしくてたまりません。

당연한 결과가 아닌가요? ▸ 当然の結果ではないですか?

그게 **당연하지** 않을 수 있어요. ▸ それが当然ではないかもしれません。

인기가 **대단하다고** 소문났어요. ▸ 人気がすごいとうわさされています。

그게 **대단한** 비결은 없다고 해요. ▸ それが、大した秘訣はないそうです。

방이 **더러우니까** 깨끗이 청소하자. ▸ 部屋が汚いから、きれいに掃除しよう。

더럽든지 말든지 그냥 두세요. ▸ 汚かろうがなかろうが、ほっといてください。

열이 어제보다 **더한** 것 같아요. ▸ 熱は昨日より高いようです。

작년보다 업무 부담이 **더하대요**. ▸ 昨年より業務負担が大きいそうです。

엄마가 만든 것보다 맛이 **덜한데요**. ▸ 母が作ったものよりおいしくないんですが。

어제보다 추위가 **덜한** 것 같아요. ▸ 昨日より寒さが和らいだようです。

A 慣用句 こたえ 마음을 주다

形容詞2

🎧013

□ 201
드물다
まれだ、珍しい
対 흔하다 639
関 보기 드물다 珍しい

□ 202
똑같다
[똑깓따]
全く同じだ
関 똑같이 同じく　類 같다〔入門編319〕
対 다르다〔初級編151〕

□ 203
뜨겁다<ㅂ>
[뜨겁따]
熱い
関 뜨거운 물 お湯、熱湯
対 차갑다 527

□ 204
맑다
[막따]
晴れている、澄んでいる
関 맑음 晴れ

□ 205
못되다
[몯뙤다]
(たちが)**悪い**
類 나쁘다〔入門編401〕

□ 206
무섭다<ㅂ>
[무섭따]
恐ろしい、怖い

□ 207
밉다<ㅂ>
[밉따]
憎い
関 미움 憎しみ、憎み
諺 미운 정 고운 정 다 들다 愛憎が深まる

□ 208
변함없다
[변하멉따]
変わらない
漢 変---
関 변함없이 変わらず

13日目　🎧013
チェック!
答えは右ページ下

□ 多様だ	□ 甚だしい	□ まれだ	□ たちが悪い
□ 単純だ	□ 汚い	□ 全く同じだ	□ 恐ろしい
□ 息苦しい	□ より重い	□ 熱い	□ 憎い
□ 当然だ	□ より少ない	□ 晴れている	□ 変わらない

이런 일은 매우 **드뭅니다**.
아주 보기 **드문** 꽃이라고 그랬어요.

▸ こんなことは非常にまれです。
▸ とても珍しい花だと言っていましたよ。

똑같은 스타일은 싫다고 하네요.
색은 다르지만 디자인이 **똑같잖아요**.

▸ 全く同じスタイルは嫌だと言っています。
▸ 色は違うけど、デザインは同じじゃないですか。

열이 나서 몸이 **뜨거워요**.
뜨거운 커피말고 아이스커피요.

▸ 熱が出て体が熱いです。
▸ ホットコーヒーではなく、アイスコーヒーです。

요즘은 **맑은** 날이 드문 것 같아요.
비가 와서 그런지 공기가 **맑았다**.

▸ 最近は晴れた日が珍しいようです。
▸ 雨が降ったからか、空気が澄んでいた。

성격이 아주 **못됐다고** 합니다.
엄마한테 **못된** 말을 한 모양이에요.

▸ 性格がとても悪いそうです。
▸ お母さんにひどいことを言ったようです。

무서운 영화는 못 본다고 한다.
어제 꿈을 꿨는데 정말 **무서웠어요**.

▸ 怖い映画は見られないという。
▸ 昨日夢を見ましたが、本当に怖かったです。

요즘은 **미워서** 말도 안 한대요.
미운 다섯 살 때는 다 그래요.

▸ 最近は憎くて話もしないそうです。
▸ 憎たらしい5歳の時はみんなそうです。

변함없는 사랑에 감사드려요.
늦잠을 자는 습관은 **변함없군요**.

▸ 変わらぬ愛に感謝いたします。
▸ 寝坊する癖は変わらないですね。

13日目 013
チェック!
答えは左ページ下

□ 다양하다	□ 대단하다	□ 드물다	□ 못되다
□ 단순하다	□ 더럽다	□ 똑같다	□ 무섭다
□ 답답하다	□ 더하다	□ 뜨겁다	□ 밉다
□ 당연하다	□ 덜하다	□ 맑다	□ 변함없다

14日目 動詞2

□ 209
끓다
[끌타]
沸く、沸騰する

□ 210
끓이다
[끄리다]
① **沸かす**、沸騰させる
② (スープ、チゲなどを) **作る**
関 라면을 끓이다 ラーメンを作る

□ 211
나서다
① (前、外へ) **出る** ② **関与する**

□ 212
날다
飛ぶ
関 날개 翼

□ 213
낳다
[나타]
産む、生む

□ 214
내려놓다
[내려노타]
降ろす、下ろす
対 올려놓다 上に置く

□ 215
넘어지다
倒れる、転ぶ
類 쓰러지다 648

□ 216
녹다
[녹따]
溶ける
対 얼다 654

Q 慣用句 韓国語では？
気にかかる、気になる、
心配で心が落ち着かない

닫히다の発音は[다티다]ではなく[다치다]です。「けがをする」の다치다と混同しないように、문이 닫히다(ドアが閉まる)の形でも覚えましょう。

070

물이 **끓으면** 라면을 넣으라고 했다. ▸ お湯が沸いたらラーメンを入れるように言った。
국이 **끓어서** 불을 줄였어요. ▸ スープが沸騰したので、火を弱めました。

여름에는 보리차를 **끓여** 먹는다. ▸ 夏には麦茶を沸かして飲んでいる。
라면을 **끓였으니까** 어서 먹어요. ▸ ラーメンを作ったから、早く食べてください。

원래 남 앞에 **나서는** 걸 싫어해요. ▸ もともと人前に出るのが苦手です。
이번 일은 **나서지** 말라고 했어요. ▸ 今度のことは関わるなと言いました。

하늘을 **나는** 새가 부러울 때가 있어요. ▸ 空を飛ぶ鳥がうらやましい時があります。
새도 날개를 잃으면 **날** 수가 없어요. ▸ 鳥も翼を失ったら、飛べないんですよ。

엄마는 나를 29살에 **낳았대요**. ▸ 母は私を29歳で産んだそうです。
일본이 **낳은** 최고의 선수죠. ▸ 日本が生んだ最高の選手です。

짐은 저기에 **내려놓으라고요**? ▸ 荷物はあそこに下ろしてくださいって?
이제 어깨의 짐을 **내려놓고** 쉬세요. ▸ もう肩の荷物を下ろして休んでください。

지진으로 책장이 **넘어졌다고** 해요. ▸ 地震で本棚が倒れたそうです。
마음이 급해서 뛰어가다가 **넘어졌대요**. ▸ 気持ちが焦って走っていたら、転んだそうです。

아이스크림이 **녹기** 전에 드세요. ▸ アイスクリームが溶ける前にどうぞ。
눈이 **녹아서** 위험하니까 조심해요. ▸ 雪が溶けて危ないから、気をつけてね。

A 慣用句 こたえ

마음에 걸리다

「気になる」は、このほかに걱정이 되다、신경이 쓰이다(469)もあります。

動詞2

014

□ 217
높이다
高める、高くする
関 높다〔入門編482〕

□ 218
놓치다
[놓치다]
① **逃す**、失う ② **乗り遅れる**
慣 때를 놓치다 チャンスを逃す、時機を逸する

□ 219
누르다<르>
抑える、押す

□ 220
늘어나다
伸びる、増える
関 늘다〔初級編168〕
対 줄어들다 縮む

□ 221
늙다
[늑따]
老いる、老ける
対 젊다〔初級編316〕

□ 222
다가오다
近づいてくる、近寄る
対 다가가다 近づいていく

□ 223
다루다
扱う、取り扱う

□ 224
닫히다
[다치다]
閉まる、塞がる
関 닫다〔入門編414〕

14日目 014
チェック!
答えは右ページ下

□ 沸く
□ 沸かす
□ 出る
□ 飛ぶ
□ 産む
□ 降ろす
□ 倒れる
□ 溶ける
□ 高める
□ 逃す
□ 抑える
□ 伸びる
□ 老いる
□ 近づいてくる
□ 扱う
□ 閉まる

독해력을 **높이는** 방법이 있나요?	▸ 読解力を高める方法がありますか?
목소리를 조금 **높여** 주세요.	▸ 声を少し高くしてください。
때를 **놓치지** 마세요.	▸ チャンスを逃さないでください。
폰을 보다가 전철을 **놓칠** 뻔했다.	▸ スマホを見ていて、電車に乗り遅れそうになった。
아랫사람을 힘으로 **누르지** 마세요.	▸ 目下の人を力で抑えつけないでください。
주문하실 때 버튼을 **눌러** 주세요.	▸ ご注文の際にボタンを押してください。
티셔츠 목둘레가 **늘어나서** 못 입어요.	▸ Tシャツの首回りが伸びて着られません。
전보다 손님이 좀 **늘어난** 것 같아요.	▸ 前よりお客さんが少し増えたようです。
늙어도 할 수 있는 일이 많아요.	▸ 老いてもできることが多いです。
요새 좀 **늙은** 것 같아요.	▸ 最近、少し老けたようです。
태풍이 **다가오니까** 준비해 놓자.	▸ 台風が近づいてくるから、準備しておこう。
점원이 **다가와서** 설명해 주었다.	▸ 店員が近づいてきて、説明してくれた。
강아지를 소중하게 **다뤄** 주세요.	▸ 子犬を大切に扱ってください。
다루기 힘든 상대라고 합니다.	▸ 扱いにくい相手だそうです。
갑자기 자동문이 **닫혔다고** 해요.	▸ 急に自動ドアが閉まったそうです。
앞길이 **닫혀** 버린 느낌이 들었다.	▸ 行く手が塞がってしまったような気がした。

14日目 014
チェック!
答えは左ページ下

□ 끓다	□ 낳다	□ 높이다	□ 늙다
□ 끓이다	□ 내려놓다	□ 놓치다	□ 다가오다
□ 나서다	□ 넘어지다	□ 누르다	□ 다루다
□ 날다	□ 녹다	□ 늘어나다	□ 닫히다

2週目 力試しドリル

問題1～6：（　　　）の中に入れるのに適切なものを、①～④の中から1つ選んでください。
問題7～9：問題文の意味を変えずに、下線部の言葉と置き換えが可能なものを、①～④の中から1つ選んでください。

1. (　　　)는/은 안 했지만 그래도 아쉽네요.

①기대　②기념　③대화　④답장

2. 기말시험이 있으니까 뭔가 (　　　)를/을 세워야 돼요.

①일정　②대책　③기록　④단계

3. (　　　) 이번 시험에 또 떨어지면 어떡하죠.

①깜빡　②과연　③만약　④깜짝

4. 이번 기회를 (　　　) 다음은 없을 거예요.

①잡으면　②주우면　③없애면　④놓치면

5. 배가 고프니까 라면이나 (　　　) 먹읍시다.

①끓어　②끓여　③지어　④만들어

6. A : 어디 불편하신 데가 있으신가요?

B : 어제부터 속이 좀 (　　　).

① 못돼서요 ② 더해서요 ③ 덜해서요 ④ 답답해서요

7. 그 집이 가격도 싸고 게다가 서비스가 최고예요.

① 그다지 ② 더구나 ③ 되게 ④ 널리

8. 읽어 봤는데 무슨 의미인지 도대체 모르겠어요.

① 나란히 ② 대체로 ③ 대개 ④ 전혀

9. 이런 경우는 흔하지 않다고 할 수 있죠.

① 적지 않다 ② 변함없다 ③ 드물다 ④ 대단하다

解答・解説

1. ①

【日本語訳】（期待）はしなかったものの、それでも惜しいですね。

①期待　②記念　③対話　④返信

2. ②

【日本語訳】期末試験があるから、何か（対策）を立てなければなりません。

①日程　②対策　③記録　④段階

Point 대책을 세우다で「対策を立てる」。

3. ③

【日本語訳】（もしも）今回の試験にまた落ちたら、どうしましょう。

①うっかり　②さすが　③もしも　④びっくり

4. ④

【日本語訳】今回のチャンスを（逃せば）、次はないでしょう。

①つかめば　②拾えば（辞書形は줍다）　③なくせば　④逃せば

Point 기회를 잡다（チャンスをつかむ）と기회를 놓치다（チャンスを逃す）を覚えておきましょう。

5. ②

【日本語訳】お腹がすいているから、ラーメンでも（作って）食べましょう。

①沸騰して　②（スープ、チゲなどを）作って　③つくって（辞書形は짓다）　④作って

Point 라면을 끓이다で「ラーメンを作る」。

6. ④

【日本語訳】A：どこか具合の悪いところがおありですか？B：昨日からちょっと（胃もたれがして）。

①たちが悪くて　②より重くて　③より軽くて　④胃もたれがして（直訳は「息苦しくて」）

Point 속이 답답하다で「胃もたれがする」。

7. ②

【日本語訳】その店が価格も安くて、しかもサービスが最高です。

①それほど　②しかも　③すごく　④広く

Point 게다가と더구나のどちらも「しかも」の意味で使われます。

8. ④

【日本語訳】読んでみましたが、どういう意味なのかまったく分かりません。

①並んで　②だいたい　③たいがい　④まったく

Point 도대체は、疑問文で使われると「一体」、平叙文で使われると「まったく」という意味になります。

9. ③

【日本語訳】このようなケースは珍しい/まれだと言えます。

①少なくない　②変わりない　③珍しい/まれだ　④すごい

Point 드물다＝흔하지 않다で、「珍しい/まれだ」。

キクタン韓国語

3週目

✓学習したらチェック!

무대에 서면 마치 다른 사람 같아요.

(例文の意味は237参照)

名詞9

015

□225
머리카락
(1本1本の)**髪の毛**
※머리칼も同じ意味でよく使われます。
類 머리털 髪の毛

□226
먼지
ちり、ほこり
関 먼지가 쌓이다 ちりが積もる

□227
면세점
免税店
漢 免税店
関 면세품 免税品

□228
명령
[명녕]
命令
漢 命令　動 명령하다
関 명하다 命ずる

□229
명함
名刺
漢 名銜

□230
모습
姿
関 뒷모습 後ろ姿

□231
모음
母音
漢 母音
対 자음 子音

□232
모임
集まり、集会、会合
※모이다(集まる)の名詞形。

Q 慣用句　韓国語では？　チャンスを逃す、時機を逸する

목걸이の걸이は걸다(かける)から派生しています。귀걸이(イアリング)や옷걸이(ハンガー)もあわせて覚えておきましょう。

071

요새 **머리카락**이 빠져서 걱정이에요. ▸ 最近、髪の毛が抜けて心配です。
머리카락이 좀 많아진 것 같아요. ▸ 髪の毛が少し増えたみたいです。

거기 책장의 **먼지**도 닦아 줄래요? ▸ そこの本棚のほこりも拭いてくれますか?
코트의 **먼지** 좀 털어 줘요. ▸ コートのほこりを払い落としてください。

면세점이 먼데도 갈 건가요? ▸ 免税店が遠いのに行くんですか?
면세점에서 화장품 좀 살까 해요. ▸ 免税店で化粧品を買おうかと思います。

명령을 받고 바로 비행기를 탔다. ▸ 命令を受けてすぐ飛行機に乗った。
명령하신 대로 따르겠습니다. ▸ 命令された通りに従います。

취직하고 **명함**을 만들었다. ▸ 就職して名刺を作った。
처음 만난 분과 **명함**을 주고받았다. ▸ 初めて会った方と名刺を交換した。

모습을 감추고 나오지 않았다. ▸ 姿を消して出てこなかった。
뒷**모습**만으로도 누군지 알아봤다. ▸ 後ろ姿だけでも誰だか分かった。

한국어는 **모음**이 많아서 어려웠어요. ▸ 韓国語は母音が多くて難しかったです。
난 **모음**보다 자음이 어려웠는데요. ▸ 私は母音より子音が難しかったんですが。

동창생 **모임**에 못 나가게 됐어요. ▸ 同窓生の集まりに出られなくなりました。
다음 **모임**은 12월로 연기됐대요. ▸ 次の会合は12月に延期されたそうです。

A 慣用句 こたえ 때를 놓치다 (218)

名詞 9

015

□ 233
목걸이
[목꺼리]

ネックレス
関 귀걸이 イヤリング
関 목걸이를 하다 ネックレスをかける、つける

□ 234
목숨
[목쑴]

命
慣 목숨을 걸다 命をかける、必死になる

□ 235
목표

目標
漢 目標
動 목표하다 目標にする、目指す

□ 236
무게

重さ
関 몸무게 体重

□ 237
무대

舞台、ステージ
漢 舞台

□ 238
무료

無料
漢 無料　類 공짜 036
対 유료 有料

□ 239
무리

無理
漢 無理　動 무리하다
形 무리하다 無理だ

□ 240
무시

無視
漢 無視　動 무시하다
関 무시를 당하다 無視される

15日目 015
チェック!
答えは右ページ下

□ 髪の毛	□ 名刺	□ ネックレス	□ 舞台
□ ちり	□ 姿	□ 命	□ 無料
□ 免税店	□ 母音	□ 目標	□ 無理
□ 命令	□ 集まり	□ 重さ	□ 無視

목걸이를 사려다가 말았어요.
선물로 **목걸이**나 귀걸이는 어때요?

▸ ネックレスを買おうとしてやめました。
▸ プレゼントにネックレスやイヤリングはどうですか?

목숨을 걸고 끝까지 해내고 싶어요.
그때 **목숨**을 구해 주신 분이죠.

▸ 命をかけて最後までやり通したいです。
▸ あの時、命を救ってくださった方ですよ。

목표를 좀 더 높여서 잡아 보죠.
목표로 한 것을 꼭 이루세요.

▸ 目標をもう少し高く設定してみましょう。
▸ 目標にしたことを必ず達成してください。

몸**무게**가 3 킬로나 늘었어요.
금목걸이는 **무게**가 좀 나가겠네요.

▸ 体重が3キロも増えました。
▸ 金のネックレスは重さが少しありそうですね。

무대에 서면 마치 다른 사람 같아요.
이번 **무대**도 굉장히 좋았대요.

▸ 舞台に立つと、まるで別人のようです。
▸ 今回のステージもすごく良かったそうです。

유원지에서 하는 무대는 **무료**래요.
무료라면 사람들이 많이 오겠네요.

▸ 遊園地でのステージは無料だそうです。
▸ 無料なら人がたくさん来るでしょう。

그날은 아무래도 **무리**예요.
그럼 **무리**하지 말고 다음에 봐요.

▸ その日はどうしても無理です。
▸ じゃあ、無理しないで次回に会いましょう。

무시를 당하면 당연히 화가 나죠.
다른 의견도 **무시**하지 말아 줘요.

▸ 無視されたら当然腹が立ちます。
▸ 他の意見も無視しないでください。

15日目 015
チェック!
答えは左ページ下

□ 머리카락	□ 명함	□ 목걸이	□ 무대
□ 먼지	□ 모습	□ 목숨	□ 무료
□ 면세점	□ 모음	□ 목표	□ 무리
□ 명령	□ 모임	□ 무게	□ 무시

名詞 10

016

☐ 241
무역

貿易

漢 貿易

動 무역하다

☐ 242
무용

舞踊

漢 舞踊

動 무용하다

☐ 243
문법

[문뻡]

文法

漢 文法

☐ 244
물가

[물까]

物価

漢 物価

☐ 245
물론

もちろん

※副詞としても用いられます。

漢 勿論

☐ 246
미래

未来

漢 未来

対 과거 037, 현재 850

☐ 247
미술

美術

漢 美術

関 미술관 美術館

☐ 248
미용실

★ 미용원(美容院)、미장원(美装院)

美容室

漢 美容室

類 미장원(美粧院), 머리방

Q 慣用句　韓国語では？

時と場所をわきまえる

문법(文法)や물가(物価)は、それぞれ[문뻡][물까]と発音します。「法」「価」を使った漢字語で、これらの漢字が2番目に来る場合、濃音で発音されることがあります。

072

무역 회사에 취직하려고 해요. ▸ 貿易会社に就職しようと思います。
중국하고 **무역**하니까 알아볼게요. ▸ 中国と貿易をしてるから調べてみますよ。

어렸을 때부터 **무용**을 배웠대요. ▸ 小さい時から舞踊を習ったそうです。
무용하면서 노래도 배우러 다녀요. ▸ 舞踊をしながら歌も習いに行っています。

중급 **문법**을 배우기 시작했다. ▸ 中級文法を習い始めた。
문법 규칙이 좀 어려운 것 같다. ▸ 文法の規則がちょっと難しいようだ。

물가가 올라서 생활비가 모자란다. ▸ 物価が上がったので生活費が足りない。
물가는 물론 전기요금도 올랐다. ▸ 物価はもちろん電気料金も上がった。

한국어는 **물론**이고 영어도 잘해요. ▸ 韓国語はもちろんで、英語も得意です。
물론 저희는 다 참석할 예정입니다. ▸ もちろん私たちは全員出席する予定です。

30 년 후의 **미래**에 대해 생각했어요. ▸ 30年後の未来について考えました。
먼 **미래**가 아니라 지금이 중요하죠. ▸ 遠い未来ではなく、今が重要ですよ。

미술을 하다 보니까 알게 됐어요. ▸ 美術をしているうちに知りました。
미술관에 가는 길에 동물원이 있어요. ▸ 美術館に行く道に動物園があります。

미용실에 가는 길에 비가 왔어요. ▸ 美容室に行く途中で雨が降ってきました。
미용실에서 머리를 좀 자르려고요. ▸ 美容室で髪を少し切ろうと思います。

A 慣用句 こたえ 때와 장소를 가리다

名詞10

016

□249
믿음
信頼、信仰
※믿다(信じる)の名詞形。
[関] 믿음이 강하다 信仰が篤い

□250
밑줄
[믿쭐]
下線、アンダーライン
[関] 밑줄을 치다 下線を引く

□251
바깥
[바깓]
外、屋外、表
[同] 밖〔入門編366〕
[対] 안〔入門編365〕, 속〔入門編440〕

□252
바닥
① **床**、表面 ②(靴・なべなどの)**底**
[関] 손바닥 手のひら, 발바닥 足の裏

□253
박물관
[방물관]
博物館
[漢] 博物館

□254
박사
[박싸]
博士
[漢] 博士
[関] 박사과정 博士課程

□255
박수
[박쑤]
拍手
[漢] 拍手
[関] 박수를 치다 拍手をする

□256
반[2]
班、クラス
[漢] 班
[音] 반[1]〔入門編178〕

16日目 016
チェック!
答えは右ページ下

□ 貿易	□ もちろん	□ 信頼	□ 博物館
□ 舞踊	□ 未来	□ 下線	□ 博士
□ 文法	□ 美術	□ 外	□ 拍手
□ 物価	□ 美容室	□ 床	□ 班

그분에 대해선 **믿음**을 가지고 있어요. ▸ その方に対しては信頼を置いています。
원장님은 **믿음**이 강한 분이랍니다. ▸ 院長は信仰が篤い方だそうです。

밑줄을 치면서 책을 읽어요. ▸ 下線を引きながら、本を読みます。
밑줄 친 부분을 한국어로 번역하세요. ▸ 下線を引いた部分を韓国語に訳してください。

바깥에서 보면 간판이 보일 거예요. ▸ 外から見ると看板が見えるはずです。
바깥은 추우니까 안으로 들어와요. ▸ 外は寒いから中に入ってきてください。

부엌 **바닥**도 깨끗이 닦았어요. ▸ 台所の床もきれいに拭きました。
신발 **바닥**이 좀 미끄러운 것 같아요. ▸ 靴の底が少し滑りやすいようです。

박물관에 가는 길에 떡집이 있어요. ▸ 博物館に行く道に餅屋があります。
쌀**박물관**이라는 곳에 갔다 왔어요. ▸ 米博物館というところに行ってきました。

국어 선생님이 문학 **박사**래요. ▸ 国語の先生は文学博士だそうです。
박사과정 때 시집을 내셨다고 해요. ▸ 博士課程の時に詩集を出したそうです。

강연이 끝나자마자 모두 **박수**를 쳤다. ▸ 講演が終わるやいなや、皆が拍手をした。
바깥에까지 **박수** 소리가 들렸다. ▸ 外にまで拍手の音が聞こえた。

중급**반** 회화를 듣기로 했다. ▸ 中級クラスの会話を聞くことにした。
우리 **반**에서 있었던 일을 발표했다. ▸ 私たちのクラスであったことを発表した。

16日目 016
チェック!
答えは左ページ下

□ 무역	□ 물론	□ 믿음	□ 박물관
□ 무용	□ 미래	□ 밑줄	□ 박사
□ 문법	□ 미술	□ 바깥	□ 박수
□ 물가	□ 미용실	□ 바닥	□ 반

名詞11

017

□ 257
반대

反対

漢 反対　動 반대하다　対 찬성 賛成
関 반대편 反対側

□ 258
반응

反応

漢 反応
動 반응하다

□ 259
발가락
[발까락]

足の指

対 손가락〔初級編 267〕

□ 260
발견

発見

漢 発見
動 발견하다, 발견되다

□ 261
발달
[발딸]

発達

漢 発達　動 발달하다, 발달되다
類 발전〔初級編 186〕

□ 262
발목

足首

対 손목 384　慣 발목을 잡다 足を引っ張る,
발목을 잡히다 弱みを握られる、足元を見られる

□ 263
밤낮
[밤낟]

① **昼夜**、日夜　② (副詞的に) **いつも**

関 밤낮으로 いつも

□ 264
밤새

夜の間、一晩中

※밤사이の縮約形。

Q 慣用句　韓国語では？　目を引く、目を奪う

「反対される方」の「反対される」は尊敬語なので、반대하시는분になります。ちなみに「親に反対された」の「反対される」は受身の表現ですが、韓国語では부모님이 반대하셨다と言います。

073

찬성이든 **반대**든 결론을 냅시다.	▸ 賛成であれ反対であれ、結論を出しましょう。
반대하시는 분은 손을 들어 주십시오.	▸ 反対される方は、手を挙げてください。
소비자의 **반응**은 좋다고 한다.	▸ 消費者の反応は良いという。
사람에 따라 다양한 **반응**을 보인다.	▸ 人によって多様な反応を見せる。
넘어져서 **발가락**을 다쳤나 봐요.	▸ 転んで足の指をけがしたようです。
발가락이 아프면 걷기도 힘들어요.	▸ 足の指が痛いと歩くのも大変です。
새로운 **발견**이라고 신문에 났어요.	▸ 新しい発見だと新聞に出ました。
길을 지나가다가 우연히 **발견**했대요.	▸ 道を通っていて偶然見つけたそうです。
아이의 **발달** 과정에 관해 알아보자.	▸ 子どもの発達過程について調べてみよう。
기술의 **발달**로 노동 환경도 달라졌다.	▸ 技術の発達で労働環境も変わった。
발목을 다쳐서 한동안 고생했어요.	▸ 足首をけがして、しばらく苦労しました。
남의 **발목**을 잡는 일은 하지 맙시다.	▸ 人の足を引っ張るのはやめましょう。
게임을 하면서 **밤낮**이 바뀌었대요.	▸ ゲームをしてから昼夜逆転したそうです。
밤낮으로 걱정만 하고 있었어요.	▸ いつも心配ばかりしていました。
밤새 비가 쏟아졌다.	▸ 夜通し雨が降った。
시험 때문에 **밤새** 잠을 못 잤어요.	▸ 試験のせいで、一晩中眠れませんでした。

A 慣用句 こたえ　눈을 끌다 (112)

名詞11

017

□ 265
밤중
[밤쭝]

夜中
関 한밤중 真夜中

□ 266
방송

放送
漢 放送　動 방송하다
関 방송국 放送局, 생방송 生放送

□ 267
방식

方式、やり方
漢 方式

□ 268
방해

妨害、じゃま
漢 妨害　動 방해하다, 방해되다
関 방해를 놓다 じゃまをする

□ 269
버릇
[버륻]

① **癖**　② **行儀**、作法
動 버릇되다 癖になる
関 버릇없다 行儀が悪い

□ 270
벌레

虫

□ 271
범위

範囲
漢 範囲

□ 272
법률
[범뉼]

法律
漢 法律　類 법 法、法律
関 법률가 法律家

17日目　017
チェック!
答えは右ページ下

□ 反対	□ 発達	□ 夜中	□ 癖
□ 反応	□ 足首	□ 放送	□ 虫
□ 足の指	□ 昼夜	□ 方式	□ 範囲
□ 発見	□ 夜の間	□ 妨害	□ 法律

밤중에 일이 있다고 나갔어요.
한**밤중**까지 잠을 안 자고 기다렸어요.

▸ 夜中に用事があると出かけました。
▸ 真夜中まで寝ないで待ちました。

방송이 처음이라서 긴장했어요.
이제 유튜브로도 **방송**한다고요?

▸ 放送は初めてなので緊張しました。
▸ もうYouTubeでも放送するんだって?

자기만의 **방식**이 있잖아요.
일하는 **방식**이 마음에 들었어요.

▸ 自分だけのやり方があるじゃないですか。
▸ 働き方が気に入りました。

방해만 놓는 사람이 미워요.
방해하지 말고 조용히 있어 줄래요?

▸ じゃまばかりする人が憎いです。
▸ じゃましないで、静かにしていてくれますか?

방학 동안 늦게 자는 **버릇**이 생겼어요.
그리 말하면 **버릇**없다고 할 거예요.

▸ 休みの間に遅く寝る癖ができました。
▸ そう話すと、行儀が悪いと言われるでしょう。

방에서 작은 **벌레**를 발견했다.
벌레를 무서워했는데 이제 괜찮아요.

▸ 部屋で小さな虫を見つけた。
▸ 虫が怖かったけれど、もう大丈夫です。

기말시험 **범위** 좀 알려 줄래요?
지난번보다 **범위**가 넓은 것 같아요.

▸ 期末試験の範囲を教えてくれますか?
▸ 前回より範囲が広いようです。

법률을 알아야 싸울 수 있어요.
매주 토요일에 무료 **법률** 상담이 있대요.

▸ 法律を知らないと戦えません。
▸ 毎週土曜日、無料の法律相談があるそうです。

17日目 017
チェック!
答えは左ページ下

□ 반대
□ 반응
□ 발가락
□ 발견

□ 발달
□ 발목
□ 밤낮
□ 밤새

□ 밤중
□ 방송
□ 방식
□ 방해

□ 버릇
□ 벌레
□ 범위
□ 법률

18日目 名詞12

🎧 018

□ 273 **변경**	**変更** 漢 変更 動 변경하다, 변경되다
□ 274 **변화**	**変化** 漢 変化 動 변화하다, 변화되다
□ 275 **보고**	**報告** 漢 報告　動 보고하다, 보고되다 関 보고서 報告書
□ 276 **보물**	**宝**、宝物 漢 宝物 関 보물찾기 宝探し
□ 277 **보험**	**保険** 漢 保険 関 교육보험 学資保険
□ 278 **보호**	**保護** 漢 保護 動 보호하다, 보호되다
□ 279 **복도** [복또]	**廊下** 漢 複道
□ 280 **복사** [복싸]	**複写**、コピー 漢 複写 動 복사하다, 복사되다

Q 慣用句　韓国語では？　目を向ける、目をやる

봄일の発音は、일のところにㄴが挿入されたことで流音化が起こり、[봄닐]と発音します。ㄴの挿入については巻末付録を参照してください。

074

날짜 **변경**은 가능하답니다. ▸ 日付の変更は可能だそうです。
생방송으로 **변경**되었다고 해요. ▸ 生放送に変更されたそうです。

변화를 따라가기가 힘들어요. ▸ 変化についていくのが大変です。
회사도 **변화**해야 살아남을 수 있죠. ▸ 会社も変化してこそ生き残れますよ。

보고를 아직 못 받았을지도 몰라요. ▸ 報告をまだ受けていないかもしれません。
보고서는 사장님께 **보고**될 겁니다. ▸ 報告書は社長に報告されるでしょう。

보물 상자는 잘 감춰 뒀어요. ▸ 宝箱はちゃんと隠しておきました。
행사 중에 **보물**찾기가 있대요. ▸ イベント中に宝探しがあるそうです。

아이들 교육**보험**은 들었어요. ▸ 子どもたちの学資保険には入りました。
그거말고는 다른 **보험**이 없는데요. ▸ それ以外は、他の保険はないんですが。

청소년 **보호**에 관한 법이래요. ▸ 青少年保護に関する法律だそうです。
법으로 **보호**를 받을 수 있어요. ▸ 法律で保護を受けることができます。

복도에서 뛰면 안 돼요. ▸ 廊下で走ってはいけません。
복도 청소는 다음에 해요. ▸ 廊下の掃除は今度やりましょう。

복사를 해 줬으면 해요. ▸ コピーをとってほしいです。
보고서는 열 부씩 **복사**해 주세요. ▸ 報告書は10部ずつコピーしてください。

A 慣用句 こたえ 눈을 돌리다 (332)

名詞12

018

☐ 281
복습
[복씁]

復習
【漢】復習　【動】복습하다
【対】예습 予習

☐ 282
볼일
[볼릴]

用事
【慣】볼일을 보다 用事を済ませる、用を足す

☐ 283
봉투

封筒、袋
【漢】封套　【類】봉지 (封紙)
【関】종이봉투 紙袋

☐ 284
부담

負担、負い目
【漢】負担　【動】부담하다, 부담되다 負担になる
【形】부담스럽다 負担だ

☐ 285
부정

否定
【漢】否定　【動】부정하다, 부정되다
【関】부정적 否定的

☐ 286
분위기

雰囲気、ムード
【漢】雰囲気

☐ 287
불교

仏教
【漢】仏教

☐ 288
불만

不満
【漢】不満
【形】불만스럽다 不満だ

18日目　018
チェック!
答えは右ページ下

☐ 変更	☐ 保険	☐ 復習	☐ 否定
☐ 変化	☐ 保護	☐ 用事	☐ 雰囲気
☐ 報告	☐ 廊下	☐ 封筒	☐ 仏教
☐ 宝	☐ 複写	☐ 負担	☐ 不満

복습보다 예습을 하는 편인데요. 매일 배운 부분을 **복습**해야 돼요.	▸ 復習より予習をするほうですが。 ▸ 毎日習った部分を復習しないといけません。
볼일이 있어서 좀 나갔다 왔다. **볼일**을 보러 나간 김에 옷을 샀다.	▸ 用事があってちょっと出かけてきた。 ▸ 用事に出かけたついでに服を買った。
이 **봉투**는 좀 작지 않은가요? 종이**봉투**에 담아 드릴게요.	▸ この封筒はちょっと小さくないですか? ▸ 紙袋にお入れします。
다른 사람한테 **부담**을 주지 마세요. **부담**되지 않도록 할게요.	▸ 他の人に負担をかけないでください。 ▸ 負担にならないようにします。
주변에서는 **부정**적인 반응을 보였다. 신문 기사 내용을 강하게 **부정**했다.	▸ 周辺では否定的な反応を示した。 ▸ 新聞記事の内容を強く否定した。
분위기가 무거워서 말하기 어려웠다. 저래 봬도 **분위기** 메이커랍니다.	▸ 雰囲気が重くて言い出しにくかった。 ▸ ああ見えてもムードメーカーなんですよ。
불교의 역사에 대해서 조사했다. **불교**를 통해서 알게 된 것이 많다.	▸ 仏教の歴史について調査した。 ▸ 仏教を通じて分かったことが多い。
부담금이 늘어난 게 **불만**이에요. **불만**이 있으면 직접 말하세요.	▸ 負担金が増えたのが不満です。 ▸ 不満があれば直接言ってください。

18日目 018
チェック!
答えは左ページ下

□ 변경	□ 보험	□ 복습	□ 부정
□ 변화	□ 보호	□ 볼일	□ 분위기
□ 보고	□ 복도	□ 봉투	□ 불교
□ 보물	□ 복사	□ 부담	□ 불만

副詞3

019

□289
드디어
★드디여

とうとう、ついに
類 마침내 302

□290
따라서

従って
関 -에 따라(서) ~によって

□291
따로

別に、他に
関 따로따로 別々に

□292
딱[1]

ぴたりと、ぴたっと、きっぱりと
関 딱 잘라서 きっぱりと
音 딱[2] 293

□293
딱[2]

① **ぽっかり**、ぱっくり
② **ぴったり**、ちょうど ③ **じっと**
関 딱 좋다 ぴったりだ 慣 입을 딱 벌리다 口をあんぐりと開ける 音 딱[1] 292

□294
때로

時々、たまに
※때로는の形もよく使われます。
類 때때로 時々、時に, 가끔〔初級編 217〕

□295
또다시

再び、再度
関 또〔入門編 306〕, 다시〔入門編 309〕

□296
또한

もまた、やはり、同様に

Q 慣用句 韓国語では？ 幕を開ける、幕が開く

드디어 왔다(とうとう来た)、딱 그치다(ぴたっとやむ)、딱 좋다(ぴったりだ)のように、副詞は動詞と一緒に覚えるといいですよ。

075

드디어 기다리던 그날이 왔다.	▸ とうとう待ちに待ったその日がやってきた。
고민 끝에 **드디어** 결정했어요.	▸ 悩みの末に、ついに決めました。
따라서 소비가 늘어날 것으로 보인다.	▸ 従って、消費が増えるものと見られる。
곳에 **따라서** 비나 눈이 오겠습니다.	▸ ところによって雨や雪が降るでしょう。
따로 드릴 말씀이 있어요.	▸ 他に申し上げたいことがあります。
계산은 **따로따로** 해 주세요.	▸ お勘定は別々にしてください。
거짓말처럼 비가 **딱** 그쳤다.	▸ 嘘のように雨がぴたっとやんだ。
딱 잘라서 거절하는 게 좋아요.	▸ きっぱりと断ったほうがいいですよ。
놀란 나머지 입을 **딱** 벌렸다.	▸ 驚きのあまり、口をあんぐりと開けた。
얇은 바지가 지금 입기에 **딱** 좋아요.	▸ 薄いズボンが、今着るのにぴったりです。
책상 앞에 **딱** 앉아서 공부만 했다.	▸ 机の前にじっと座って、勉強ばかりした。
누구나 **때로** 실수하기도 하죠.	▸ 誰でも時々ミスすることがあります。
때로는 혼자 미술관에 가기도 해요.	▸ たまに一人で美術館に行くこともあります。
또다시 피해를 입지 않도록 하겠다.	▸ 再び被害を受けないようにする。
이런 일이 **또다시** 있어서는 안 된다.	▸ こんなことが二度とあってはならない。
국어를 잘하면 영어 **또한** 잘하게 돼요.	▸ 国語が上手になれば、英語もまた上手になります。
저 **또한** 선생님과 같은 생각이에요.	▸ 私もやはり先生と同じ考えです。

A　慣用句 こたえ　막을 올리다

副詞3

019

□297
똑바로
[똑빠로]

まっすぐに、正しく

□298
뜻대로
[뜯때로]

思いのままに、思う通りに
関 -대로 ～ままに、～通りに(助詞)

□299
마음대로

気のままに、勝手に
関 -대로 ～ままに、～通りに(助詞)

□300
마치

まるで、あたかも
類 꼭[2] 178

□301
마침

ちょうど、たまたま
類 때마침 ちょうどよく、都合よく，막[2] 304

□302
마침내

ついに、とうとう
類 드디어 289

□303
막[1]

やたらに、でたらめに、むやみに
※마구の縮約形。
音 막[2] 304，막 幕

□304
막[2]

たった今、今しがた、ちょうど
類 마침 301
音 막[1] 303，막 幕

19日目 019
チェック!
答えは右ページ下

□ とうとう	□ ぽっかり	□ まっすぐに	□ ちょうど
□ 従って	□ 時々	□ 思いのままに	□ ついに
□ 別に	□ 再び	□ 気のままに	□ やたらに
□ ぴたりと	□ もまた	□ まるで	□ たった今

3번 출구로 나와서 **똑바로** 가면 돼요.	▸ 3番出口を出てまっすぐ行けばいいです。
작은딸한테 **똑바로** 말하라고 했다.	▸ 次女に正しく話しなさいと言った。
내 **뜻대로** 하게 해 주세요.	▸ 私の思い通りにさせてください。
뜻대로 되면 얼마나 좋겠어요.	▸ 思い通りになれば、どんなにいいでしょう。
제 **마음대로** 하게 해 주세요.	▸ 私の好きなようにさせてください。
마음대로 계획을 세워 보라고 했다.	▸ 勝手に計画を立ててみろと言った。
집이 깨끗해서 **마치** 새집 같아요.	▸ 家がきれいで、まるで新築のようです。
마치 다 아는 듯이 행동했다.	▸ あたかも全部知っているかのように振る舞った。
정류장에 가니까 **마침** 버스가 왔다.	▸ 停留所に行くと、ちょうどバスが来た。
마침 생활비가 부족했는데 잘됐네.	▸ たまたま生活費が足りなかったんだけど、助かった。
마침내 세계 1위에 올랐대요.	▸ ついに世界1位になったんですって。
노력 끝에 **마침내** 세계 기록을 깼다.	▸ 努力の末、とうとう世界記録を破った。
물건을 아무 데나 **막** 놓지 마요.	▸ 物をどこにでもやたらに置かないでね。
남의 옷을 **막** 버리면 어떡해요.	▸ 人の服をむやみに捨てたら困ります。
지금 **막** 연락을 받았어요.	▸ たった今、連絡を受けました。
일을 마치고 **막** 나가려는 길이에요.	▸ 仕事を終えてちょうど出るところです。

19日目 019
チェック!
答えは左ページ下

□ 드디어	□ 딱	□ 똑바로	□ 마침
□ 따라서	□ 때로	□ 뜻대로	□ 마침내
□ 따로	□ 또다시	□ 마음대로	□ 막
□ 딱	□ 또한	□ 마치	□ 막

20日目 形容詞3

020

□305
복잡하다
[복짜파다]

① **複雑だ** ② **混雑している**
漢 複雑--
対 간단하다 081

□306
부끄럽다<ㅂ>
[부끄럽따]

恥ずかしい
関 부끄러움/부끄럼 恥

□307
부드럽다<ㅂ>
[부드럽따]

柔らかい

□308
부럽다<ㅂ>
[부럽따]

うらやましい

□309
분명하다

明らかだ、はっきりしている、明確だ
漢 分明-- 対 불분명하다 不明確だ、不明瞭だ
関 분명히 明らかに、はっきり、確かに

□310
불쌍하다

哀れだ、かわいそうだ
関 불쌍히 かわいそうに

□311
불안하다

不安だ
漢 不安--
関 불안감 不安感, 불안스럽다 不安そうだ

□312
불편하다

① **不便だ** ② **具合が悪い**
漢 不便-- 対 편하다〔初級編320〕, 편리하다 633
関 불편함 不便さ

Q 慣用句 韓国語では？ 幕を閉じる、幕を下ろす

形容詞の語幹に-아/어지다がつくと、「～くなる」「～になる」という変化を表す動詞になります。복잡해졌다(複雑になった)、빨개졌다(赤くなった)など、使える表現を広げていきましょう。

076

복잡한 수학 문제를 풀었대요. 주말은 항상 길이 **복잡해요**.	▸ 複雑な数学の問題を解いたそうです。 ▸ 週末はいつも道が混んでいます。
남 앞에 서는 건 **부끄러워요**. **부끄럽지** 않게 살려고 노력해 왔다.	▸ 人前に立つのは恥ずかしいです。 ▸ 恥ずかしくないように生きようと努力してきた。
옷이 가볍고 되게 **부드러워요**. 고기가 참 **부드럽고** 맛있네요.	▸ 服が軽くてとても柔らかいです。 ▸ 肉が本当に柔らかくておいしいですね。
남들이 **부럽게** 느껴질 때가 있다. 운동은 뭐든지 잘해서 **부러워요**.	▸ 他人がうらやましく感じる時がある。 ▸ 運動は何でもできるから、うらやましいです。
안에 아무도 없는 게 **분명합니다**. **분명하게** 거절하는 게 좋아요.	▸ 中に誰もいないのは明らかです。 ▸ はっきりと断ったほうがいいですよ。
그런 **불쌍한** 얼굴로 말하지 마세요. 주인공이 **불쌍해서** 눈물이 났다.	▸ そんな哀れな顔で言わないでください。 ▸ 主人公がかわいそうで涙が出た。
불안한 이유가 뭐냐고 물었다. 취직이 어려워서 **불안하대요**.	▸ 不安な理由は何かと聞いた。 ▸ 就職が難しくて不安だそうです。
교통이 **불편해서** 이사할까 한다. 어디가 **불편하신지요**?	▸ 交通が不便なので引っ越そうかと思う。 ▸ どこが具合が悪いですか？

A 慣用句 こたえ 막을 내리다

形容詞3

020

□ 313
붉다
[북따]

赤い
関 붉은색 赤色
類 빨갛다 314

□ 314
빨갛다 <ㅎ>
[빨가타]

赤い
関 빨간색 / 빨강 赤色, 빨간불 赤信号
類 붉다 313

□ 315
새롭다 <ㅂ>
[새롭따]

新しい
関 새로이 新しく, 새로〔初級編 396〕
対 낡다 古い(動詞)

□ 316
서투르다 <르>

下手だ、つたない
※縮約形の서툴다もよく使われます。
類 못하다〔入門編 330〕

□ 317
섭섭하다
[섭써파다]

名残惜しい、寂しい、惜しい
関 섭섭함 寂しさ

□ 318
세다[2]

強い
音 세다[1]〔初級編 485〕
類 강하다〔初級編 147〕

□ 319
소중하다

大切だ、貴重だ、大事だ
漢 所重-- 類 중요하다 重要だ、大切だ
関 소중히 大切に

□ 320
솔직하다
[솔찌카다]

率直だ、素直だ、正直だ
漢 率直--
関 솔직히 率直に

20日目 020
チェック!
答えは右ページ下

- □ 複雑だ
- □ 恥ずかしい
- □ 柔らかい
- □ うらやましい
- □ 明らかだ
- □ 哀れだ
- □ 不安だ
- □ 不便だ
- □ 赤い
- □ 赤い
- □ 新しい
- □ 下手だ
- □ 名残惜しい
- □ 強い
- □ 大切だ
- □ 率直だ

저기 **붉은**색 건물 보이죠?	▸ あそこに赤い建物が見えますよね?
저녁 하늘이 **붉게** 물들었어요.	▸ 夕方の空が赤く染まりました。
빨간 볼펜, 못 봤어요?	▸ 赤いボールペン、見ませんでしたか?
이마가 **빨개서** 피부과에 갔다 왔다.	▸ おでこが赤いので、皮膚科に行ってきた。
새로운 일을 시작해 보려고요.	▸ 新しい仕事を始めようと思います。
사진을 보니 기억이 **새롭네요**.	▸ 写真を見ると記憶が新たになりますね。
요리에 **서투른** 편이지만 좋아해요.	▸ 料理は下手なほうですが、好きです。
한국어는 **서툴지만** 열심히 하겠습니다.	▸ 韓国語は下手ですが頑張ります。
이대로 헤어지는 건 좀 **섭섭하네요**.	▸ このまま別れるのはちょっと名残惜しいですね。
공연이 일찍 끝나서 **섭섭했다**.	▸ コンサートが早く終わって寂しかった。
남동생은 힘 **센** 사람이 부러웠대요.	▸ 弟は、力の強い人がうらやましかったそうです。
바람이 너무 **세서** 걷기 힘들 정도였다.	▸ 風があまりにも強くて歩きにくいほどだった。
한 사람 한 사람이 **소중합니다**.	▸ 一人ひとりが大切です。
편지를 **소중하게** 보관하고 있대요.	▸ 手紙を大事に保管しているそうです。
솔직한 이야기를 듣고 싶었어요.	▸ 率直な話を聞きたかったです。
솔직하고 일을 잘하는 친구예요.	▸ 素直で仕事が上手な人です。

20日目 020
チェック!
答えは左ページ下

□ 복잡하다	□ 분명하다	□ 붉다	□ 섭섭하다
□ 부끄럽다	□ 불쌍하다	□ 빨갛다	□ 세다
□ 부드럽다	□ 불안하다	□ 새롭다	□ 소중하다
□ 부럽다	□ 불편하다	□ 서투르다	□ 솔직하다

□ 321
달다[2]
つける、垂らす
対 떼다 425　関 커튼을 달다 カーテンをかける、つける　音 달다[1]〔初級編152〕

□ 322
닮다
[담따]
似る
※-를/을 닮다で「～に似る」。

□ 323
담다
[담따]
①(器に)**盛る**、入れる　②(比喩的に)**込める**
慣 입에 담다 口にする、言う

□ 324
당하다
① **やられる**、見舞われる　② **匹敵する**
漢 当--
関 교통사고를 당하다 交通事故にあう

□ 325
닿다
[다타]
触れる、届く

□ 326
대다[1]
① **当てる**、つける、触れる　② **充てる**、供給する　③(車・船などを)**止める**
関 손을 대다 手をつける、手を出す、触る

□ 327
더하다[2]
①(前より)**つのる**、重くなる
② **足す**、加える
対 빼다 548　関 더하기 足し算　音 더하다[1](形容詞) 199

□ 328
던지다
投げる、投げかける

Q 慣用句　韓国語では？　耳にたこができる、聞き飽きる

닮다と담다の発音はどちらも[담따]です。아빠를 닮다(父に似ている)、그릇에 담다(器に盛る)のように、「名詞+動詞」のセットで覚えると良いでしょう。

077

떨어진 단추 좀 **달아** 주세요. ▸ 取れたボタンをつけてください。
이사한 집에 커튼을 **달아야** 돼요. ▸ 引っ越した家にカーテンをかけないといけません。

얼굴은 아빠를 **닮은** 것 같아요. ▸ 顔はお父さんに似ていると思います。
성격은 누구를 **닮았는지** 모르겠어요. ▸ 性格は誰に似ているのか分かりません。

요리를 **담을** 접시 좀 주세요. ▸ 料理を盛るお皿をください。
마음을 **담아서** 선물을 보냈어요. ▸ 心を込めてプレゼントを送りました。

앉아서 **당할** 수는 없어요. ▸ 黙ってやられるわけにはいきません。
이 분야에서 그를 **당할** 사람은 없다. ▸ この分野で彼に匹敵する者はいない。

물에 **닿으면** 안 됩니다. ▸ 水に触れてはいけません。
제 마음이 **닿기를** 바랍니다. ▸ 私の心が届くことを願います。

작품에 손을 **대지** 마십시오. ▸ 作品に手を触れないでください。
레스토랑에 야채를 **대고** 있어요. ▸ レストランに野菜を納品しています。
차 한 대라면 집 앞에 **대도** 돼요. ▸ 車1台なら自宅の前に止めてもいいです。

고통이 **더해만** 갔어요. ▸ 苦しみはつのるばかりでした。
모은 돈을 다 **더하면** 얼마죠? ▸ 貯めたお金を全部足すといくらですか?

공을 이쪽으로 **던져** 줄래요? ▸ ボールをこっちに投げてくれますか?
단계적으로 질문을 **던졌다**. ▸ 段階的に質問を投げかけた。

A 慣用句 こたえ 귀가 아프다

動詞3

021

□ 329
덜다

①**減らす**、少なくする
②(一部分を)**分ける**

□ 330
덮다
[덥따]

覆う、かぶせる、(本を)閉じる
関 이불을 덮다 布団をかける、かぶる

□ 331
데리다

連れる
※데리다は、데리고、데리러、데려の形でしか使われません。
関 데려가다 連れていく, 데려오다 連れてくる

□ 332
돌리다

①**回す**、回転させる　②(方向を)**変える**
③(あちこちに)**送る**、配る
関 돌다〔初級編 248〕　慣 눈을 돌리다 目を向ける、目をやる

□ 333
돌아보다

振り返る、振り向いて見る

□ 334
돕다<ㅂ>
[돕따]

助ける、手伝う
関 도움 助け, 서로 돕다 助け合う
慣 하늘이 돕다 天の助けだ

□ 335
들려주다

聞かせる

□ 336
들르다<으>
★ 들리다

立ち寄る、寄る

21日目 021
チェック!
答えは右ページ下

□ つける	□ 触れる	□ 減らす	□ 振り返る
□ 似る	□ 当てる	□ 覆う	□ 助ける
□ 盛る	□ つのる	□ 連れる	□ 聞かせる
□ やられる	□ 投げる	□ 回す	□ 立ち寄る

부모님의 부담을 **덜어** 드리고 싶다. ▸ 親の負担を軽くしてあげたい。
찌개는 각자 **덜어서** 드세요. ▸ チゲは各自取り分けて召し上がってください。

이불을 잘 **덮고** 자라고 했다. ▸ 布団をちゃんとかけて寝なさいと言った。
책을 **덮고** 한참 생각했다. ▸ 本を閉じてしばらく考えた。

아이를 **데리고** 미술관에 가려고요. ▸ 子どもを連れて美術館に行こうかと思って。
개를 **데려가면** 안 되는지요? ▸ 犬を連れていってはいけませんか？

세탁기를 **돌릴** 거냐고 물었대요. ▸ 洗濯機を回すのかと聞いたそうです。
차 방향을 **돌려서** 집으로 향했다. ▸ 車の向きを変えて家に向かった。
직원들에게 작은 선물을 **돌렸다**. ▸ 職員たちに小さなプレゼントを配った。

지난 1년을 **돌아보는** 시간을 가졌다. ▸ この1年を振り返る時間を持った。
뒤를 **돌아보지** 말고 그냥 가시죠. ▸ 後ろを振り向かずに、そのまま行ってください。

서로 **돕고** 살아야죠. ▸ 助け合って生きなければなりません。
엄마를 **도와서** 청소를 했어요. ▸ お母さんを手伝って掃除をしました

옛날이야기를 **들려주세요**. ▸ 昔話を聞かせてください。
팬분들께 **들려주고** 싶었던 노래예요. ▸ ファンの方にお聞かせしたかった歌です。

책방에 **들렀다가** 갈게요. ▸ 本屋に立ち寄ってから行きます。
도서관에 **들른** 김에 복사해 왔어요. ▸ 図書館に立ち寄ったついでに、コピーしてきました。

21日目 021
チェック!
答えは左ページ下

□ 달다	□ 닿다	□ 덜다	□ 돌아보다
□ 닮다	□ 대다	□ 덮다	□ 돕다
□ 담다	□ 더하다	□ 데리다	□ 들려주다
□ 당하다	□ 던지다	□ 돌리다	□ 들르다

3週目 力試しドリル

問題1〜6：（　　　）の中に入れるのに適切なものを、①〜④の中から1つ選んでください。
問題7〜9：問題文の意味を変えずに、下線部の言葉と置き換えが可能なものを、①〜④の中から1つ選んでください。

1. 여기저기 (　　)가/이 쌓여서 청소를 해야 돼요.

① 부담　② 보고　③ 먼지　④ 빨래

2. 우리가 하는 일에 (　　)를/을 놓지 말아 주세요.

① 방해　② 불편　③ 무리　④ 명령

3. 아직 한국어가 (　　) 잘 부탁드립니다.

① 새롭지만　② 서툴지만　③ 좋아하지만　④ 소중하지만

4. 교과서를 (　　) 지금부터 회화를 들어 봅시다.

① 닫고　② 데리고　③ 덮고　④ 닿고

5. 방에 햇빛이 들어와서 커튼을 (　　).

① 꼈어요　② 걸었어요　③ 붙였어요　④ 달았어요

6. 이렇게 헤어지게 돼서 너무 (　　　).

① 부끄럽네요　② 부럽네요　③ 쓸쓸하네요　④ 섭섭하네요

7. 집이 너무 깨끗해서 마치 호텔에 온 것 같아요.

① 꽤　② 꼭　③ 마침　④ 막

8. 저도 드디어 콘서트에 갈 수 있게 됐어요.

① 마침내　② 뜻대로　③ 너무나　④ 다만

9. 시간이 되면 가끔 미술관에 가기도 해요.

① 따로　② 때로　③ 또한　④ 끝내

解答・解説

1. ③

【日本語訳】あちこち(ほこり)が積もって掃除をしないといけません。

①負担　②報告　③ほこり　④洗濯

Point 먼지가 쌓이다で「ちり/ほこりが積もる」。

2. ①

【日本語訳】私たちがやっていることに(じゃま)をしないでください。

①じゃま/妨害　②不便　③無理　④命令

Point 방해를 놓다で「じゃまをする」。

3. ②

【日本語訳】まだ韓国語は(下手ですが)よろしくお願いいたします。

①新しいですが　②下手ですが　③好きですが　④大切ですが

4. ③

【日本語訳】テキストを(閉じて)、今から会話を聞いてみましょう。

①閉めて　②つれて　③(本を)閉じて　④触れて

Point 교과서를 덮다で「テキスト/教科書を閉じる」。

5. ④

【日本語訳】部屋に日差しが入ってくるので、カーテンを(つけました)。

①はめました(辞書形は끼다)　②かけました(辞書形は걸다)　③付けました　④つけました

Point 커튼을 달다で「カーテンをつける」。③の붙이다は、이름을 붙이다(名前を付ける)、포스터를 붙이다(ポスターを付ける)などに使われます。

6. ④

【日本語訳】このように別れることになって、とても(寂しいですね)。

①恥ずかしいです　②うらやましいです　③寂しいです　④寂しいです

Point 「別れが寂しい」の場合は、④の섭섭하다でなければなりません。③の쓸쓸하다は、秋の風景や、ある空間に誰もいない状況の場合によく使われます。

7. ②

【日本語訳】家があまりにもきれいなので、まるでホテルに来たようです。

①かなり　②まるで　③ちょうど　④今しがた/ちょうど

Point 마치/꼭 -ㄴ/은 것 같다で「まるで～したようだ」という表現です。

8. ①

【日本語訳】私もついにコンサートに行けるようになりました。

①ついに/とうとう　②思い通り　③あまりにも　④ただ単に

Point 드디어の置き換え表現としては、마침내のほかには결국も可能です。

9. ②

【日本語訳】時間があれば、たまに美術館に行ったりします。

①別に/ほかに　②たまに　③また　④最後まで/ついに

キクタン韓国語

4週目

✓ 学習したらチェック!

직접 딸기를 따서 먹을 수 있어요.

(例文の意味は418参照)

名詞13

022

□337
비교
比較
漢 比較　動 비교하다 比べる
関 비교적 比較的

□338
비밀
秘密
漢 秘密
関 비밀번호 暗証番号、パスワード

□339
비옷
[비옫]
レインコート
関 비〔入門編460〕, 옷〔入門編209〕

□340
비용
費用
漢 費用
関 비용이 들다 費用がかかる

□341
비판
批判
漢 批判
動 비판하다

□342
빛
[빋]
光
関 빛이 나다 光る, 빛을 내다 輝かす, 불빛 明かり、炎　慣 빛을 보다 日の目を見る

□343
빨래
洗濯、洗濯物
動 빨래하다　類 세탁 378
関 손빨래 手洗い, 빨래방 コインランドリー

□344
뼈
骨
慣 뼈를 깎다 骨身を削る

Q 慣用句　韓国語では？　同じことを何度も言う、口がすっぱくなる

사거리は사(四)と거리(通り)の合成語です。삼거리(三叉路)もよく使われるので、あわせて覚えましょう。

🎧 078

이 헤드폰은 **비교**적 싼 편이에요.
▸ このヘッドホンは比較的安いほうです。

비교해 보시면 바로 아실 겁니다.
▸ 比べてみればすぐに分かると思います。

비밀은 꼭 지켜 달라고 합니다.
▸ 秘密は必ず守ってくれと言っています。

아이디와 **비밀**번호가 생각이 안 나요.
▸ IDとパスワードが思い出せません。

노란색 **비옷**은 어떠세요?
▸ 黄色のレインコートはいかがですか?

비옷을 살까 말까 하다가 샀어요.
▸ レインコートを買おうかどうか迷ったが、買いました。

아무래도 **비용**이 좀 부담스럽네요.
▸ どうしても費用が少し負担になりますね。

비용이 들어도 해 볼까 해요.
▸ 費用がかかってもやってみようかと思います。

저에 대한 **비판**은 받아들입니다.
▸ 私に対する批判は受け入れます。

비판하기 시작하면 끝이 없어요.
▸ 批判し始めるとキリがありません。

희망의 **빛**이 보이는 것 같았다.
▸ 希望の光が見えるようだった。

불**빛**이 강해서 눈을 뜰 수 없었다.
▸ 明かりが強すぎて目が開けられなかった。

세탁기 돌릴 건데 **빨래** 있어요?
▸ 洗濯機を回すけど、洗濯物はありますか?

위층에서 **빨래**하는 모양이네요.
▸ 上の階で洗濯しているようですね。

사촌이 발목**뼈**를 다쳤다고 해요.
▸ いとこが足首の骨を痛めたそうです。

뼈를 깎는 고통의 시간을 보냈다.
▸ 骨身を削るような、苦痛の時間を過ごした。

A 慣用句こたえ　입이 아프다

名詞13

□ 345
사거리
★ 네거리

交差点、十字路
[漢]四-- [同]네거리
[関]삼거리 三叉路

□ 346
사고

事故
[漢]事故
[関]사고를 내다 事故を起こす

□ 347
사무

事務
[漢]事務 [関]사무를 보다 事務をする, 사무실 事務室, 사무국 事務局, 사무직 事務職

□ 348
사업

事業
[漢]事業
[動]사업하다

□ 349
사용

使用
[漢]使用 [動]사용하다, 사용되다
[関]사용법 使い方, 사용료 使用料

□ 350
사원

社員
[漢]社員
[関]평사원 平社員

□ 351
사정

① **事情**、わけ ② **頼み**
[漢]事情
[動]사정하다 頼む

□ 352
사촌

いとこ
[漢]四寸

22日目 022
チェック!
答えは右ページ下

□ 比較
□ 秘密
□ レインコート
□ 費用
□ 批判
□ 光
□ 洗濯
□ 骨
□ 交差点
□ 事故
□ 事務
□ 事業
□ 使用
□ 社員
□ 事情
□ いとこ

삼거리 지나면 **사거리**가 보일 거예요.	▸ 三叉路を過ぎると十字路が見えるでしょう。
그 **사거리**에서 왼쪽으로 가면 돼요.	▸ その交差点から左に行けばいいですよ。
사건과 **사고**가 많은 한 해였다.	▸ 事件と事故が多い1年だった。
아는 분이 교통**사고**를 당했대요.	▸ 知人が交通事故にあったそうです。
무역 회사에서 **사무**를 보는 일이에요.	▸ 貿易会社で事務をする仕事です。
일반 **사무**직을 새로 뽑는대요.	▸ 一般事務職を新しく採用するそうです。
사업을 시작한 지 벌써 3년째네요.	▸ 事業を始めてもう3年目ですね。
사업하면서 여러 일들이 있었죠.	▸ 事業をしてから、いろんなことがありましたよ。
사용법을 알려 주시겠어요?	▸ 使い方を教えていただけますか?
사무실에서도 **사용**해 볼까 해요.	▸ 事務室でも使ってみようかと思います。
사원이 사고를 냈다고 한다.	▸ 社員が事故を起こしたそうだ。
사원 중에서도 평**사원**이라고 했다.	▸ 社員の中でも平社員だといった。
사정이 있어서 못 가게 됐어요.	▸ 事情があって行けなくなりました。
사무국에 **사정**해서 참가하게 됐어요.	▸ 事務局に頼んで参加することになりました。
나보다 세 살 어린 **사촌** 동생이에요.	▸ 私より3歳年下のいとこです。
사촌이랑 같이 사업을 할까 해요.	▸ いとこと一緒に事業をしようかと思います。

22日目 022
チェック!
答えは左ページ下

□ 비교	□ 비판	□ 사거리	□ 사용
□ 비밀	□ 빛	□ 사고	□ 사원
□ 비옷	□ 빨래	□ 사무	□ 사정
□ 비용	□ 뼈	□ 사업	□ 사촌

名詞14

023

□353
사흘
3日、3日間
関 나흘 129

□354
산수
算数
漢 算数
類 수학 数学

□355
삼촌
(父方の)**おじ**、おじさん
漢 三寸
関 외삼촌 (母方の)おじ、おじいさん

□356
상관
関係、関わり、相関
漢 相関　動 상관하다
形 상관없다 関係ない

□357
상대
相手
漢 相対　動 상대하다 相手にする
類 상대방 相手

□358
상상
想像
漢 想像　動 상상하다
類 상상력 想像力

□359
상자
箱、ケース
漢 箱子

□360
상처
傷
漢 傷処
関 상처가 나다 傷がつく、傷ができる

Q 慣用句　韓国語では？　口に出す、口にする、他言する

하루「1日(間)」、이틀「2日(間)」、사흘「3日(間)」、나흘「4日(間)」といった、日にちや期間を表す固有名詞を覚えて使ってみましょう。

079

결과는 **사흘** 후에 나올 거예요.
사흘 정도 잠을 잘 못 잤어요.

▸ 結果は3日後に出ると思います。
▸ 3日ほどよく眠れませんでした。

초등학생 땐 **산수**를 꽤 잘했어요.
산수는 쉬웠는데 수학은 어려워요.

▸ 小学生の時は算数がかなり得意でした。
▸ 算数は簡単だったけど、数学は難しいです。

삼촌은 형 같은 사람이에요.
막내 **삼촌**이 나보다 네 살 위거든요.

▸ おじさんは兄のような人です。
▸ 一番下のおじさんが私より4歳年上なんですよ。

일을 하든 말든 **상관**이 없어요.
남의 일에 **상관**하지 마세요.

▸ 仕事をしてもしなくても関係ありません。
▸ 他人のことに構わないでください。

상대 팀의 평균 나이가 25살이래요.
아마 **상대**하기가 어려울 거예요.

▸ 相手チームの平均年齢は25歳だそうです。
▸ たぶん相手にするのは難しいでしょう。

상상도 못 한 일이 일어났어요.
10년 후의 자신을 **상상**해 봐요.

▸ 想像もできなかったことが起きました。
▸ 10年後の自分のことを想像してみてください。

작은 **상자**가 식탁 위에 놓여 있었다.
상자를 열어 보니 목걸이였다.

▸ 小さな箱がテーブルの上に置かれていた。
▸ 箱を開けてみたらネックレスだった。

넘어져서 손바닥에 **상처**가 났어요.
마음에 **상처**를 입었다고 합니다.

▸ 転んで手のひらに傷ができました。
▸ 心に傷を負ったそうです。

A 慣用句 こたえ　입 밖에 내다

名詞14

□361
상태
状態、調子、具合
漢 状態

□362
상품
商品
漢 商品
関 신상품 新商品

□363
상황
状況、様子
漢 状況

□364
새벽
夜明け、暁、明け方
※深夜1時ごろから日の出直前までの時間帯。

□365
생명
生命、命
漢 生命　類 목숨 234
関 생명보험 生命保険

□366
서양
西洋
漢 西洋　対 동양 東洋
関 서양인 西洋人

□367
선거
選挙
漢 選挙
動 선거하다

□368
선택
選択
漢 選択
動 선택하다

23日目　023
チェック!
答えは右ページ下

□ 3日	□ 相手	□ 状態	□ 生命
□ 算数	□ 想像	□ 商品	□ 西洋
□ おじ	□ 箱	□ 状況	□ 選挙
□ 関係	□ 傷	□ 夜明け	□ 選択

상대방의 **상태**를 알 수가 없어요.	▸ 相手の状態が分かりません。
몸 **상태**가 좋아지면 다시 얘기해요.	▸ 体の調子が良くなったら、また話しましょう。
새로운 **상품**이 매주 나와요.	▸ 新しい商品が毎週出ます。
이것도 신**상품**인데 인기가 많아요.	▸ これも新商品ですが、人気がありますよ。
상황이 더 나빠지지는 않을 거예요.	▸ 状況がこれ以上悪くなることはないでしょう。
상황을 보면서 대책을 세우죠.	▸ 様子を見ながら対策を立てましょう。
새벽까지 과제를 마치고 잤다.	▸ 夜明けまでに課題を終えて寝た。
이런저런 생각에 **새벽**에 잠이 들었다.	▸ あれこれ考え込んで明け方に眠りについた。
취직하자마자 **생명**보험에 들었다.	▸ 就職するやいなや生命保険に入った。
무엇보다 **생명**을 소중히 해야 한다.	▸ 何より命を大切にすべきだ。
서양 문화에 관한 수업을 들었다.	▸ 西洋文化に関する授業を受けた。
서양인도 동양인도 함께 공부했다.	▸ 西洋人も東洋人も一緒に学んだ。
지방 **선거**가 내후년에 있답니다.	▸ 地方選挙が再来年にあるそうです。
선거 때 누구를 뽑을지 정했어요.	▸ 選挙の時、誰を選ぶかを決めました。
당신의 **선택**이 굉장히 중요합니다.	▸ あなたの選択がとても重要です。
선택해 주신다면 열심히 하겠습니다.	▸ 選んでいただければ、頑張ります。

23日目 023
チェック!
答えは左ページ下

□ 사흘	□ 상대	□ 상태	□ 생명
□ 산수	□ 상상	□ 상품	□ 서양
□ 삼촌	□ 상자	□ 상황	□ 선거
□ 상관	□ 상처	□ 새벽	□ 선택

24日目 名詞15

024

□ 369
성격
[성껵]

性格
漢 性格
関 성격이 급하다 せっかちだ

□ 370
성공

成功
漢 成功
動 성공하다

□ 371
성적

成績
漢 成績

□ 372
성질

性質、気性
漢 性質
慣 성질이 급하다 気が短い, 성질이 나다 腹が立つ

□ 373
세계
[세게]

世界
漢 世界
関 세계적 世界的

□ 374
세금

税金
漢 税金
関 세금이 나오다 税金が課される

□ 375
세대

世代
漢 世代
関 신세대 新世代、若い世代

□ 376
세상

世の中、世間、社会
漢 世上
慣 세상을 떠나다 世を去る、亡くなる

Q 慣用句　韓国語では？　口をそろえる、異口同音に言う

성질이 나다/화가 나다で「腹が立つ」、성질을 내다/화를 내다で「腹を立てる」という表現です。

🎧 080

성격은 나랑 잘 맞는 것 같아요. ▸ 性格は私とよく合うと思います。
성격 차이로 헤어지는 사람도 많대요. ▸ 性格の違いで別れる人も多いそうです。

이 분야에서 **성공**은 쉽지 않아요. ▸ この分野での成功は容易ではありません。
반드시 **성공**할 테니까 그때 봐요. ▸ 必ず成功するから、その時会いましょう。

성적을 가지고 그러지 마세요. ▸ 成績のことでそう言わないでください。
앞으로 **성적**은 오를 수밖에 없어요. ▸ これから成績は上がるしかありません。

원래 **성질**이 급한 사람이래요. ▸ もともと気が短い人だそうです。
진짜 **성질** 나서 못 참겠다. ▸ 本当に腹が立って、我慢できない。

연예계는 완전히 다른 **세계**죠. ▸ 芸能界は全く違う世界ですよ。
세계적으로 유명한 가수가 온대요. ▸ 世界的に有名な歌手が来るそうです。

세금이 생각보다 많이 나왔어요. ▸ 税金が思ったよりたくさん課されました。
세금을 낸 뒤에 돌려받았어요. ▸ 税金を納めた後に還付してもらいました。

다음 **세대**를 위해 할 일이 있어요. ▸ 次の世代のためにやることがあります。
신**세대**들이 자주 가는 곳이랍니다. ▸ 若い世代がよく行くところだそうです。

세상에서 가장 소중한 건 나 자신이다. ▸ 世の中で一番大切なのは私自身だ。
작은엄마는 작년에 **세상**을 떠나셨다. ▸ おばは昨年亡くなった。

A 慣用句 こたえ

입을 모으다
「異口同音に言う」は이구동성으로 말하다とも言います。

名詞15

024

□ 377
세월
歳月、年月
漢 歳月　諺 세월이 약이다 日にち薬だ(月日の経過が薬の代わりになる)

□ 378
세탁
① **洗濯**、洗い　② **ロンダリング**
漢 洗濯　動 세탁하다　類 빨래 343
関 세탁소 クリーニング屋, 자금 세탁 マネーロンダリング

□ 379
소녀
少女
漢 少女
対 소년 少年

□ 380
소문
うわさ、評判
漢 所聞
慣 소문이 나다 うわさになる、うわさが立つ

□ 381
소비
消費
漢 消費　動 소비하다
関 소비자 消費者

□ 382
소식
消息、便り、知らせ
漢 消息

□ 383
손녀
孫娘
漢 孫女
対 손자 449

□ 384
손목
手首
対 발목 262
関 손목시계 腕時計

24日目　024
チェック!
答えは右ページ下

□ 性格	□ 世界	□ 歳月	□ 消費
□ 成功	□ 税金	□ 洗濯	□ 消息
□ 成績	□ 世代	□ 少女	□ 孫娘
□ 性質	□ 世の中	□ うわさ	□ 手首

세월의 흐름은 막을 수가 없어요. ▸ 歳月の流れは止められません。
세월이 지나도 오래 기억될 거예요. ▸ 年月が経っても長く記憶されるでしょう。

손**세탁**말고 **세탁**소에 맡깁시다. ▸ 手洗いではなく、クリーニング屋に預けましょう。
자금 **세탁**이 큰 문제가 되었다. ▸ マネーロンダリングが大きな問題になった。

소년 만화를 좋아하던 **소녀**가 있었다. ▸ 少年漫画が好きな少女がいた。
큰엄마도 한때 문학**소녀**였다. ▸ おばさんも一時期文学少女だった。

회사에 이상한 **소문**이 돌았다. ▸ 会社に変なうわさが流れた。
소문이 나든지 말든지 신경 안 썼다. ▸ うわさが立つかどうかは気にしなかった。

앞으로 **소비**를 좀 줄여야겠다. ▸ これから消費をちょっと減らさないと。
소비자의 입장에서 의견을 보냈다. ▸ 消費者の立場から意見を送った。

소식을 모르다가 방금 알았어요. ▸ 消息を知らなかったが、今知りました。
기쁜 **소식**을 전해 줘서 고마워요. ▸ うれしい知らせを伝えてくれて、ありがとうございます。

손녀를 데리고 놀러 가기로 했다. ▸ 孫娘を連れて遊びに行くことにした。
손녀의 동영상을 보면 웃음이 난다. ▸ 孫娘の動画を見ると笑いが出る。

넘어져서 **손목**을 다친 적이 있다. ▸ 転んで手首を痛めたことがある。
나를 위해 **손목**시계를 주문했다. ▸ 自分のために腕時計を注文した。

24日目 024
チェック!
答えは左ページ下

☐ 성격 ☐ 세계 ☐ 세월 ☐ 소비
☐ 성공 ☐ 세금 ☐ 세탁 ☐ 소식
☐ 성적 ☐ 세대 ☐ 소녀 ☐ 손녀
☐ 성질 ☐ 세상 ☐ 소문 ☐ 손목

1週目
2週目
3週目
4週目
5週目
6週目
7週目
8週目

25日目 副詞4

🎧 025

☐ 385
말없이
[마럽씨]

黙って
関 없이 501

☐ 386
멀리

遠く、遥かに
対 가까이 065
関 멀리하다 遠ざける、避ける

☐ 387
몹시
[몹씨]

ひどく、とても、大変
類 아주〔入門編 392〕, 매우〔初級編 306〕, 굉장히 すごく

☐ 388
문득

ふと、はっと
同 문뜩
関 문득문득 ふと

☐ 389
미리

あらかじめ、前もって
類 먼저〔入門編 308〕

☐ 390
및
[믿]

及び、並びに

☐ 391
비록

たとえ(～でも)

☐ 392
빠짐없이
[빠지멉씨]

漏れなく、抜かりなく
関 없이 501

Q 慣用句　韓国語では？　①言うことを聞く ②小言を言われる

말없이、빠짐없이、틀림없이は、「말+없이」「틀림+없이」「빠짐+없이」からなる合成語です。

081

한동안 **말없이** 창밖을 바라봤다. ▸ しばらく黙って窓の外を眺めた。
조카는 **말없이** 울기만 했다. ▸ めい(おい)は黙って泣いてばかりいた。

멀리 있어도 언제나 응원할게요. ▸ 遠くにいてもいつも応援しますよ。
멀리서부터 와 주셔서 감사합니다. ▸ 遠くから来てくださってありがとうございます。

몹시 놀란 듯이 큰 소리를 냈다. ▸ ひどく驚いたように大声を出した。
눈도 내리고 **몹시** 추운 날이었다. ▸ 雪も降ってとても寒い日だった。

문득 창밖을 보니 하늘이 파랬다. ▸ ふと窓の外を見ると空が青かった。
책을 읽다가 **문득** 옛일이 떠올랐다. ▸ 本を読んでいると、ふと昔のことが思い浮かんだ。

미리 준비해 놓으면 좋지요. ▸ あらかじめ準備しておくといいですよ。
미리 확인하고 가요. ▸ 前もって確認して行きましょう。

수입 **및** 수출에 관한 일정이다. ▸ 輸入及び輸出に関する日程である。
5년간 연구 **및** 개발을 담당해 왔다. ▸ 5年間、研究並びに開発を担当してきた。

비록 돈은 없어도 행복합니다. ▸ たとえお金はなくても、幸せです。
비록 떨어져 있지만 마음만은 함께해요. ▸ たとえ離れていても、心だけは一緒です。

필요한 건 **빠짐없이** 준비해 두었다. ▸ 必要なものは漏れなく準備しておいた。
한 사람도 **빠짐없이** 다 참석했다. ▸ 一人も欠けることなく、全員参加した。

A 慣用句 こたえ

말을 듣다
말을 안 듣다で「言うことを聞かない」。

副詞4

025

□393
아무래도

どうやら、どうしても、やはり
類 역시 やはり

□394
아무리

いくら、どんなに

□395
앞서
[압써]

① **先に**　② **先日**、先だって
関 앞서다 先立つ, 앞서가다 先立っていく

□396
어느새

いつの間にか

□397
어딘지

なんとなく、どことなく、どこか

□398
어떻게든
[어떠케든]

どうにかして、なんとかして

□399
어떻든지
[어떠튼지]

どうであれ、いずれにしても、ともかく
類 어쨌든 400
関 어떻든지 간에 いずれにしても

□400
어쨌든
[어짿뜬]

とにかく、いずれにせよ
類 어떻든지 399

25日目　025
チェック!
答えは右ページ下

□ 黙って
□ 遠く
□ ひどく
□ ふと
□ あらかじめ
□ 及び
□ たとえ
□ 漏れなく
□ どうやら
□ いくら
□ 先に
□ いつの間にか
□ なんとなく
□ どうにかして
□ どうであれ
□ とにかく

아무래도 감기에 걸렸나 봐요.
동창회에는 **아무래도** 못 갈 것 같아요.

- どうやら風邪を引いたようです。
- 同窓会にはどうしても行けそうにありません。

아무리 감독이라도 너무해요.
아무리 노력해도 안 되는 일도 있어요.

- いくら監督でもひどいです。
- どんなに努力しても駄目なこともあります。

앞서 말했듯이 경향을 봐야 합니다.
발표에 **앞서** 안내 말씀 드리겠습니다.

- 先に述べたように、傾向を見なければなりません。
- 発表に先立ってご案内申し上げます。

어느새 돌아갈 시간이네요.
어느새 눈이 발목까지 쌓였다.

- いつの間にか帰る時間ですね。
- いつの間にか雪が足首まで積もった。

양복을 입은 동생이 **어딘지** 귀여웠다.
표정이 **어딘지** 긴장한 듯이 보였다.

- スーツを着た弟がどこか可愛かった。
- 表情がどことなく緊張しているように見えた。

어떻게든 빨리 끝내 주세요.
힘을 합쳐서 **어떻게든** 해 볼게요.

- どうにかして早く終わらせてください。
- 力を合わせてなんとかしてみます。

상황이 **어떻든지** 제가 잘못한 거죠.
어떻든지 간에 받아드릴 수밖에 없다.

- 状況がどうであれ、私が悪かったんです。
- いずれにしても受け入れるしかない。

어쨌든 꼭 성공했으면 좋겠다.
이유가 **어쨌든** 결과가 좋으니 됐죠.

- とにかく必ず成功してほしい。
- 理由はいずれにせよ、結果がいいからいいですよ。

25日目 025
チェック!
答えは左ページ下

□ 말없이	□ 미리	□ 아무래도	□ 어딘지
□ 멀리	□ 및	□ 아무리	□ 어떻게든
□ 몹시	□ 비록	□ 앞서	□ 어떻든지
□ 문득	□ 빠짐없이	□ 어느새	□ 어쨌든

26日目 形容詞4

🎧 026

□ 401
수많다
[수만타]

数多い
※主に「수많은＋名詞」の形で使われます。
漢 数-- 関 수많이 数多く

□ 402
시끄럽다<ㅂ>
[시끄럽따]

うるさい
対 조용하다 524

□ 403
시다

① すっぱい ② すっぱくなる
関 신맛 酸味

□ 404
시원하다

① 涼しい、 さわやかだ **②(言行が)はっきりしている ③(味が)あっさりしている**
関 시원시원하다 さばさばしている

□ 405
시장하다

お腹がすく
※배가 고프다/배고프다の美化語。
対 배가 부르다/배부르다 お腹がいっぱいだ

□ 406
심각하다
[심가카다]

深刻だ
漢 深刻--
関 심각히 深刻に、심각성 深刻性

□ 407
심하다

ひどい、 激しい、甚だしい
漢 甚--
関 심히 ひどく

□ 408
싱겁다<ㅂ>
[싱겁따]

①(味が)薄い ② つまらない ③ あっけない

Q 慣用句 韓国語では？ 言うまでもない、言うに及ばない

시장하다は主に目上の人やお客様に対して使われます。目下の人や友人などにはあまり使われない表現です。

082

수많은 사람들이 모였다고 해요.	数多くの人々が集まったそうです。
어쨌든 **수많은** 일들이 있었어요.	とにかくいろんな事がありました。
시끄러운 소리에 잠을 못 잤어요.	うるさい音で眠れませんでした。
밖이 **시끄러운데** 무슨 일이 있나요?	外がうるさいんですが、何かあったんですか?
너무 **시어서** 설탕을 좀 넣었어요.	すっぱすぎて砂糖を少し入れました。
신 김치로 찌개를 끓이면 맛있겠다.	すっぱいキムチでチゲを作ったらおいしそう。
아침저녁으로는 바람이 **시원하네요**.	朝晩は風が涼しいですね。
말하는 게 **시원해서** 마음에 들었어요.	話し方がはっきりしていて気に入りました。
시원한 국물이 먹고 싶답니다.	あっさりとしたスープが飲みたいそうです。
시장할 테니까 먼저 드세요.	お腹がすいているでしょうから、まずお召し上がりください。
다들 **시장하신** 모양이에요.	皆さんお腹をすかせているようです。
환경 문제가 **심각한** 모양이다.	環境問題が深刻なようだ。
태풍 피해가 **심각하다고** 한다.	台風被害も深刻だという。
심한 감기로 출근 못 했어요.	ひどい風邪で出勤できませんでした。
쓰레기장 문제로 반대가 **심했대요**.	ゴミ捨て場の問題で、反対が激しかったそうです。
싱거우면 소금을 좀 넣으세요.	薄いなら、塩をちょっと入れてください。
가끔 **싱거운** 말을 하기도 해요.	たまにつまらないことを言ったりします。
드라마가 **싱겁게** 끝나 버렸다.	ドラマがあっけなく終わってしまった。

A 慣用句 こたえ 말할 것도 없다

形容詞4

🎧 026

□ 409

쓰다[4] <으>

苦い

【関】쓴맛 苦味　【音】쓰다[1]〔入門編245〕, 쓰다[2]〔入門編249〕, 쓰다[3]〔入門編336〕

【諺】쓴 약이 몸에 좋다 良薬は口に苦し

□ 410

아깝다 <ㅂ>

[아깝따]

もったいない、惜しい

□ 411

아쉽다 <ㅂ>

[아쉽따]

残念だ、心残りだ、物足りない

【関】아쉬움 心残り

□ 412

안되다[2]

① **気の毒だ**、残念だ

②(病気などで)**顔色が悪い**、良くない

【音】안되다[1]〔入門編498〕

□ 413

안전하다

安全だ

【漢】安全--　【名】안전

【対】위험하다 515　【関】안전벨트 シートベルト

□ 414

알맞다

[알맏따]

適当だ、適する、ほどよい

【類】적당하다 521

□ 415

얇다

[얄따]

薄い

【対】두껍다 厚い

□ 416

얕다

[얃따]

① **浅い**　② **低い**

【対】깊다 088, 높다〔入門編482〕

26日目 🎧026

チェック!

答えは右ページ下

□ 数多い	□ お腹がすく	□ 苦い	□ 安全だ
□ うるさい	□ 深刻だ	□ もったいない	□ 適当だ
□ すっぱい	□ ひどい	□ 残念だ	□ 薄い
□ 涼しい	□ 味が薄い	□ 気の毒だ	□ 浅い

커피 맛이 좀 **쓴데** 괜찮으세요?	▸ コーヒーの味が少し苦いですが、大丈夫ですか?
쓴 경험과 실패도 많이 했어요.	▸ 苦い経験と失敗もたくさんしました。
버리기에는 **아까운** 옷인데요.	▸ 捨てるにはもったいない服なのですが。
돈이 **아깝지** 않은 공연이래요.	▸ お金が惜しくないコンサートだそうです。
같이 여행을 못 가서 **아쉬워요**.	▸ 一緒に旅行に行けなくて残念です。
아쉬움이 남는 시합이었다.	▸ 心残りがある試合だった。
안됐지만 어쩔 수 없네요.	▸ 残念ですが、仕方ないですね。
얼굴이 **안됐는데** 무슨 일 있나요?	▸ 顔色が良くないですが、どうかしましたか?
아이들이 **안전하게** 놀 수 있어요.	▸ 子どもたちが安全に遊ぶことができます。
안전한 마을 만들기에 힘써 왔어요.	▸ 安全なまちづくりに取り組んできました。
가장 **알맞은** 답을 고르세요.	▸ 最も適当な答えを選んでください。
고기가 **알맞게** 구워진 것 같아요.	▸ 肉がほどよく焼けたようです。
오늘은 **얇은** 코트가 좋겠어요.	▸ 今日は薄いコートがよさそうです。
머리카락이 좀 **얇은** 편이에요.	▸ 髪の毛が少し薄いほうです。
얕은 바다에서만 수영해요.	▸ 浅い海でだけ泳ぎます。
집 앞에 **얕은** 산이 하나 있대요.	▸ 家の前に低い山が1つあるそうです。

26日目 026
チェック!
答えは左ページ下

□ 수많다	□ 시장하다	□ 쓰다	□ 안전하다
□ 시끄럽다	□ 심각하다	□ 아깝다	□ 알맞다
□ 시다	□ 심하다	□ 아쉽다	□ 얇다
□ 시원하다	□ 싱겁다	□ 안되다	□ 얕다

27日目 動詞4

027

□ 417
들이다

① (中に)**入れる**　② (費用などを)**かける**

関 돈을 들이다 お金をかける

慣 힘을 들이다 精力を傾ける、努力する

□ 418
따다

① **もぎ取る**、摘む　②(資格などを)**取る**

関 면허를 따다 免許を取る

□ 419
따르다[1] <으>

① **従う**、(後に)ついていく　② **なつく**

関 따라가다 ついていく, 따라오다 ついてくる

関 에 따르면 ～によれば

□ 420
때리다

殴る、打つ

□ 421
떠들다

騒ぐ

□ 422
떠오르다 <르>

浮かび上がる、浮かぶ

□ 423
떨다[1]

震える、おののく、(体を)震わせる

関 떨리다 424

関 다리를 떨다 足をゆする、貧乏ゆすりをする

□ 424
떨리다

震える

※物理的に細かく「震える」、恐れなどで「震える」などの意味で用います。

関 떨다[1] 423

Q 慣用句　韓国語では？

頭が重い、気が重い、気が滅入る

떨다も떨리다も「震える」の意味で使われます。ただし、떨다は他動詞、떨리다は自動詞なので、「〜を震わせる」の場合は떨다でなければなりません。

083

모르는 사람을 집에 **들이면** 안 된다. ▸ 知らない人を家に入れてはいけない。
큰돈을 **들여서** 집을 고쳤다. ▸ 大金をかけて家を修理した。

직접 딸기를 **따서** 먹을 수 있어요. ▸ 直接イチゴをもぎ取って食べられます。
봄방학 때 운전면허를 **딸까** 해요. ▸ 春休みに運転免許を取ろうかと思います。

앞 사람을 **따라서** 천천히 걸었다. ▸ 前の人の後について、ゆっくり歩いた。
할머니를 잘 **따르던** 때가 있지요. ▸ おばあさんによくなついていた時があります。

아무리 화나도 **때리면** 안 된다. ▸ いくら腹が立っても、殴ってはいけない。
창문을 **때리는** 빗소리에 잠이 깼다. ▸ 窓を打つ雨音で目が覚めた。

밖에서 막 **떠드는** 소리가 들리네요. ▸ 外でやたらに騒ぐ声が聞こえますね。
떠들든지 말든지 그냥 두세요. ▸ 騒ごうが騒ぐまいが、放っておいてください。

물 위로 뭔가 **떠올랐다가** 사라졌다. ▸ 水面上に何かが浮かび上がっては消えた。
좋은 아이디어가 **떠올랐어요**. ▸ いいアイデアが浮かびました。

밖에서 **떨면서** 한 시간을 기다렸다. ▸ 外で震えながら1時間待った。
긴장하면 다리를 **떠는** 버릇이 있다. ▸ 緊張すると貧乏ゆすりをする癖がある。

떨리는 목소리로 말하기 시작했다. ▸ 震える声で話し始めた。
발표 때 **떨려서** 죽을 뻔했다. ▸ 発表の時は緊張して死にそうだった。

A 慣用句 こたえ 머리가 무겁다

動詞4

027

□ 425
떼다
離す、はがす、取る
対 붙이다〔初級編419〕, 달다[2] 321
慣 손을 떼다 手を引く 883

□ 426
뜨다[2] <ㅇ>
(水・空に)**浮かぶ**、(太陽・月が)昇る、出る
関 해가 뜨다 日が昇る
音 뜨다[1]〔初級編398〕

□ 427
뜻하다
[뜨타다]
① **志す** ② **意味する**
関 뜻〔初級編113〕, 뜻하지 않게 思いがけず

□ 428
띄다
[띠다]
(目に)**つく**
※主に눈에 띄다(目につく、目立つ)の形で使われます。

□ 429
마르다<르>
① **乾く**、渇く ② **やせる**
関 목이 마르다 喉が渇く

□ 430
막다
[막따]
ふさぐ、阻む、さえぎる
関 말을 막다 言葉をさえぎる
慣 입을 막다 口をふさぐ、口止めする、口を封じる

□ 431
막히다
[마키다]
詰まる、ふさがる
関 길이 막히다 道が混む, 기가 막히다 あきれる

□ 432
만지다
触る、(手で)触れる
類 손을 대다 手をつける、手を出す、触る

27日目 027
チェック!
答えは右ページ下

□ 中に入れる
□ もぎ取る
□ 従う
□ 殴る
□ 騒ぐ
□ 浮かび上がる
□ 震える
□ 震える
□ 離す
□ 浮かぶ
□ 志す
□ 目につく
□ 乾く
□ ふさぐ
□ 詰まる
□ 触る

처음 봤는데 눈을 **뗄** 수가 없었다. ▸ 初めて見たが、目が離せなかった。
수첩에 메모지를 붙였다가 **뗐다**. ▸ 手帳にメモ用紙を貼っては、はがした。

저 강에 **떠** 있는 게 뭔가요? ▸ あの川に浮かんでいるのは何ですか？
해 **뜨는** 시간을 확인했어요. ▸ 日の出の時刻を確認しました。

뜻하던 일을 마침내 이루었다. ▸ 志していたことをついにやり遂げた。
이 문장이 **뜻하는** 것은 무엇인가요? ▸ この文章が意味することは何ですか？

마침 길가의 노란 꽃이 눈에 **띄었다**. ▸ たまたま道端の黄色い花が目についた。
눈에 **띄는** 색이 좋지 않을까요? ▸ 目立つ色がいいのではないでしょうか？

빨래가 다 **말랐나요**? ▸ 洗濯物はよく乾きましたか？
좀 **마른** 사람이 좋아요. ▸ ちょっとやせた人が好きです。

차가 길을 **막고** 있었다. ▸ 車が道をふさいでいた。
젊은 사람의 앞길을 **막지** 마세요. ▸ 若者の行く手を阻まないでください。

숨 **막히는** 순간이었다. ▸ 息の詰まるような瞬間だった。
길이 **막혀서** 좀 늦을 것 같아요. ▸ 道が混んでいて少し遅れそうです。

머리는 **만지지** 말아 주세요. ▸ 頭は触らないでください。
작품을 **만져서는** 안 됩니다. ▸ 作品に触れてはいけません。

27日目 027
チェック!
答えは左ページ下

- □ 들이다
- □ 따다
- □ 따르다
- □ 때리다
- □ 떠들다
- □ 떠오르다
- □ 떨다
- □ 떨리다
- □ 떼다
- □ 뜨다
- □ 뜻하다
- □ 띄다
- □ 마르다
- □ 막다
- □ 막히다
- □ 만지다

動詞5

028

□ 433
말다[1]
途中でやめる、中断する
※-다(가) 말다や -거나 말거나などの形で使われます。

□ 434
맞다[2]
[맏따]
迎える
音 맞다[1]〔初級編402〕
同 맞이하다　音 맞다[3] 435

□ 435
맞다[3]
[맏따]
① 当たる、打たれる
② (点数を)取る
音 맞다[1]〔初級編402〕　音 맞다[2] 434

□ 436
맡기다
[맏끼다]
任せる、預ける

□ 437
맡다
[맏따]
引き受ける、受け持つ、預かる

□ 438
매다
結ぶ
対 풀다〔初級編585〕
関 넥타이를 매다 ネクタイを締める

□ 439
멈추다
止まる、やむ
類 그치다 108
関 손을 멈추다 手を止める

□ 440
모시다
仕える、お供する、(目上の人を)ご案内する
※目上の人に対して使います。
関 모시고 살다 一緒に住む

Q 慣用句　韓国語では？　頭を使う、頭をひねる、考えをめぐらす

모자라다は動詞なので、「足りない部分」「足りないようです」の場合、動詞の現在連体形는を用いて、모자라는 부분、모자라는 것 같아요と表現します。

084

내가 읽다 **만** 책, 못 봤어요?	▸ 私が読んでいた本、見ませんでしたか?
밥을 먹거나 **말거나** 알아서 해요.	▸ ご飯を食べようが食べまいが勝手にしなさい。
손님을 **맞을** 준비를 하고 있다.	▸ お客さんを迎える準備をしている。
새해를 **맞아** 새로운 결심을 했다.	▸ 新年を迎えて新たな決心をした。
비를 **맞으며** 집에 돌아왔다.	▸ 雨に降られながら家に帰った。
수학은 100 점을 **맞은** 적이 없다.	▸ 数学は100点を取ったことがない。
수학은 선생님께 **맡기겠습니다**.	▸ 数学は先生にお任せします。
도착하면 바로 짐을 **맡겨요**.	▸ 着いたら、すぐ荷物を預けましょう。
뜻하지 않게 중요한 일을 **맡게** 됐어요.	▸ 思いがけず、重要な仕事を引き受けることになりました。
잠시만 짐을 좀 **맡아** 주세요.	▸ しばらく荷物を預かってください。
운동화 끈을 다시 **맸어요**.	▸ 運動靴の紐を結び直しました。
넥타이를 **맬** 줄 아나요?	▸ ネクタイを締めることができますか?
마치 시간이 **멈춘** 것 같았다.	▸ まるで時間が止まったようだった。
비가 **멈추고** 해가 나기 시작했다.	▸ 雨がやんで日が差し始めた。
부모님을 **모시고** 살게 됐어요.	▸ 親と一緒に住むことになりました。
시내 관광은 제가 **모시겠습니다**.	▸ 市内観光は私がご案内いたします。

A 慣用句 こたえ　머리를 쓰다

動詞5

□ 441
모자라다
足りない、不足する
※모자라다は動詞です。
類 부족하다〔初級編 231〕

□ 442
못생기다
[몯쌩기다]
不細工だ、醜い
対 잘생기다 671

□ 443
묵다
[묵따]
①**泊まる**　②**古くなる**

□ 444
물다
①(動物が)**噛む**、かみつく
②(虫が)**食う**、刺す

□ 445
바뀌다
替わる、変わる

□ 446
바라다
望む、願う
類 원하다 661
関 바람 望み、願い

□ 447
바라보다
眺める、見渡す

□ 448
바르다〈르〉
塗る、(塗り)つける
類 칠하다 765

28日目 028
チェック!
答えは右ページ下

□ 途中でやめる	□ 引き受ける	□ 足りない	□ 替わる
□ 迎える	□ 結ぶ	□ 不細工だ	□ 望む
□ 当たる	□ 止まる	□ 泊まる	□ 眺める
□ 任せる	□ 仕える	□ 噛む	□ 塗る

일손이 **모자란다고** 합니다.	▸ 人手が足りないそうです。
요즘 잠이 **모자라는** 것 같아요.	▸ 最近、寝不足のようです。
손이 **못생겨서** 부끄럽다고 했다.	▸ 手が不細工で恥ずかしいと言った。
못생긴 오이를 싸게 팔아서 사 왔다.	▸ 見た目が良くないキュウリを安く売っていたので、買ってきた。
이틀은 호텔에 **묵기로** 했다.	▸ 2日間はホテルに泊まることにした。
묵은 김치로 끓인 찌개가 맛있었다.	▸ 古いキムチで作ったチゲがおいしかった。
옆집 개가 **물려고** 했어요.	▸ 隣の犬が噛もうとしました。
벌레가 **물어서** 약을 발랐다.	▸ 虫に刺されたので、薬を塗った。
해가 **바뀌면** 다시 이야기하죠.	▸ 年が替わったら、また話しましょう。
처지가 **바뀌어도** 사람은 똑같아요.	▸ 立場が変わっても人は同じですよ。
바라는 게 있으면 말씀하세요.	▸ 望むことがあればおっしゃってください。
새해에도 건강하시기 **바랍니다**.	▸ 新年も健康でありますように。
그냥 **바라보기만** 해도 좋아요.	▸ ただ眺めるだけでもいいです。
여기서 **바라보는** 경치가 예뻐요.	▸ ここから見渡す景色がきれいです。
버터를 **바르고** 2분 정도 구우세요.	▸ バターを塗って2分ほど焼いてください。
다친 데에다 약을 **발라** 주세요.	▸ けがしたところに、薬をつけてください。

28日目 028
チェック!
答えは左ページ下

□ 말다	□ 맡다	□ 모자라다	□ 바뀌다
□ 맞다	□ 매다	□ 못생기다	□ 바라다
□ 맛다	□ 멈추다	□ 묵다	□ 바라보다
□ 맡기다	□ 모시다	□ 물다	□ 바르다

4週目 力試しドリル

問題1～6：（　　　）の中に入れるのに適切なものを、①～④の中から1つ選んでください。
問題7～9：問題文の意味を変えずに、下線部の言葉と置き換えが可能なものを、①～④の中から1つ選んでください。

1. 추가 비용이 (　　　)고 해도 상관없습니다.

①걸린다　②든다　③댄다　④던다

2. 양복을 입고 넥타이를 (　　　) 다른 사람 같아요.

①맞으니까　②잡으니까　③묶으니까　④매니까

3. 그냥 버리기에는 (　　　) 가방이네요.

①아까운　②섭섭한　③아쉬운　④알맞은

4. 길을 가다가 넘어져서 손바닥에 상처가 (　　　).

①지었어요　②붙었어요　③냈어요　④났어요

5. 지난주에 아는 친구가 교통사고를 (　　　)고 해요.

①생겼다　②만났다　③났다　④당했다

6. 큰돈을 (　　　) 집수리를 했다고 합니다.

①바라서　②던져서　③들여서　④만져서

7. 그날은 기온이 영하로 내려가서 몹시 추운 날이었다.

①어느새　②분명히　③문득　④굉장히

8. 공장에 일손이 부족하다고 합니다.

①모자란다　②많지 않다　③심각하다　④덜하다

9. 조금 있으니 비가 멈추고 해가 나기 시작했다.

①사라지고　②그치고　③뜨고　④지고

解答・解説

1. ②

【日本語訳】追加費用が（かかる）としても構いません。

①かかる　②かかる（辞書形は들다）　③充てる　④減らす（辞書形덜다）

Point 「費用がかかる」は비용이 들다、「時間がかかる」は시간이 걸리다と言います。

2. ④

【日本語訳】スーツを着てネクタイを（締めたら）別人みたいです。

①迎えたら　②つかんだら　③結んだら　④締めたら（直訳は「結んだら」）

Point 넥타이를 매다で「ネクタイを締める」。

3. ①

【日本語訳】そのまま捨てるには（もったいない）カバンですね。

①もったいない　②寂しい　③残念な　④適当な

4. ④

【日本語訳】道を歩いていて転んで、手のひらに傷が（つきました）。

①つくりました（辞書形は짓다）　②付きました　③出しました　④つきました（直訳は「出ました」）

Point 상처가 나다で「傷がつく」。②の붙다は「付着している」の「付く」の意味で使われます。

5. ④

【日本語訳】先週に知り合いが交通事故に（あった）そうです。

①生じた/起こった　②会った　③出た　④あった（直訳は「見舞われた」）

Point 교통사고를 당하다で「交通事故にあう」。

6. ③

【日本語訳】大金を（かけて）家の修理をしたそうです。

①欲しくて（直訳は「望んで」）　②投げて　③かけて　④触って

Point 큰돈을 들이다で「大金をかける」。

7. ④

【日本語訳】その日は、気温が氷点下に下がって、非常に寒い日だった。

①いつの間にか　②確かに　③ふと　④非常に/とても

8. ①

【日本語訳】工場に人手が足りないそうです。

①足りない　②多くない　③深刻だ　④より少ない

9. ②

【日本語訳】しばらくすると雨がやんで、日が出始めた。

①消えて　②やんで　③浮かんで/昇って　④落ちて

Point 비가 멈추다/그치다で「雨がやむ」。

キクタン韓国語

5週目

차가운 맥주를 한 캔 꺼내서 마셨다.

(例文の意味は527参照)

1週目 2週目 3週目 4週目 5週目 6週目 7週目 8週目

名詞16

029

☐ 449

손자

(男の)孫

漢 孫子

対 손녀 383

☐ 450

손톱

手の爪

対 발톱　関 손톱깎이 爪切り, 손톱을 기르다/깎다 爪を伸ばす/切る

☐ 451

수도[2]

水道

漢 水道　音 수도[1]〔初級編273〕

関 수돗물 水道水

☐ 452

수박

スイカ

関 수박 한 통 スイカ1玉

☐ 453

수술

手術

漢 手術

動 수술하다

☐ 454

수염

ひげ

漢 鬚髯　関 수염을 기르다/깎다 ひげを伸ばす、生やす/剃る

☐ 455

수입[1]

輸入

漢 輸入　動 수입하다　対 수출 輸出

関 직수입 直輸入　音 수입[2] 456

☐ 456

수입[2]

収入

漢 収入　対 지출 支出

音 수입[1] 455

Q 慣用句　韓国語では？　命をかける、必死になる

「手の爪を伸ばす」「髪の毛を伸ばす」「ひげを伸ばす」などの「伸ばす」には기르다(109)が使われます。

🎧 085

손자는 과일 중에 배를 잘 먹는다.
첫 **손자**라서 그런지 뭘 해도 귀엽다.

▸ 孫は、果物の中でナシをよく食べる。
▸ 初孫だからか、何をしてもかわいい。

손톱과 발톱은 짧게 깎는 편이에요.
손톱깎이가 안 보이네요.

▸ 手足の爪は短く切るほうです。
▸ 爪切りが見当たりません。

수도 요금도 오른다고 하네요.
수돗물은 항상 끓여서 먹어요.

▸ 水道料金も上がるそうですよ。
▸ 水道水は常に沸かして飲みます。

더운 여름에는 **수박**이 최고죠.
수박 한 통을 셋이서 다 먹었어요.

▸ 暑い夏にはスイカが最高だよ。
▸ スイカ1玉を3人で全部食べてしまいました。

아는 분이 심장 **수술**을 했는데요.
수술하고 2주일쯤 입원했답니다.

▸ 知り合いが心臓の手術をしたんですが。
▸ 手術して2週間ほど入院したそうです。

입원했을 때 **수염**을 길렀다고 해요.
수염을 깎기 귀찮아서 그랬대요.

▸ 入院した時、ひげを生やしたそうです。
▸ ひげを剃るのが面倒くさくて、そうなったんですって。

올해 수출과 **수입**의 그래프인데요.
손톱깎이도 직**수입**해서 판대요.

▸ 今年の輸出と輸入のグラフなのですが。
▸ 爪切りも直輸入して売っているそうです。

한 달 **수입**은 얼마 정도인가요?
수입보다 지출이 더 많다고 해요.

▸ 1カ月の収入はいくらくらいですか？
▸ 収入より支出のほうが多いそうです。

A 慣用句 こたえ 목숨을 걸다 (234)

名詞16

029

□ 457
수준

水準、レベル
【漢】水準

□ 458
숙박
[숙빡]

宿泊
【漢】宿泊
【動】숙박하다 宿泊する、泊まる

□ 459
숙소
[숙쏘]

宿
【漢】宿所
【関】숙소를 잡다 宿を取る、押さえる

□ 460
술집
[술찝]

飲み屋、酒場
【関】술자리 酒の席

□ 461
숨

息、呼吸
【関】숨을 쉬다 息をする、息を吸う

□ 462
스스로

① **自ら**　② (副詞的に) **自分で、**自然と
【類】자신[1] 691

□ 463
습관
[습꽌]

習慣
【漢】習慣
【関】습관을 기르다 習慣を育む

□ 464
시[3]

詩
【漢】詩　【関】시집 詩集, 시적 詩的
【音】시[1]〔入門編060〕　시[2]〔初級編280〕

29日目　029
チェック!
答えは右ページ下

□ 男の孫	□ 手術	□ 水準	□ 息
□ 手の爪	□ ひげ	□ 宿泊	□ 自ら
□ 水道	□ 輸入	□ 宿	□ 習慣
□ スイカ	□ 収入	□ 飲み屋	□ 詩

어느 정도 **수준**이 돼야 말이죠.
번역 **수준**이 아주 높네요.

▸ ある程度の水準にならないとね。
▸ 翻訳のレベルがとても高いですね。

2박 3일인데 **숙박**은 정했나요?
싼 호텔에서 **숙박**할 예정이에요.

▸ 2泊3日だけど、宿泊は決めましたか？
▸ 安いホテルに泊まる予定です。

숙소는 아직 못 잡았어요.
괜찮은 **숙소**가 있는데 소개해 줄까?

▸ 宿はまだ取っていません。
▸ いい宿があるんだけど、紹介してあげようか？

자주 가는 **술집**이 있거든요.
그 **술집**에서 가볍게 한잔합시다.

▸ よく行く飲み屋があるんですよ。
▸ その飲み屋で軽く一杯やりましょう。

그날은 **숨** 쉴 새도 없이 바빴어요.
이렇게 **숨**을 크게 쉬어 보세요.

▸ その日は息つく間もなく忙しかったです。
▸ このように大きく息を吸ってみてください。

스스로의 힘을 믿어 보기로 했다.
용돈은 **스스로** 벌어서 쓸 것이다.

▸ 自らの力を信じてみることにした。
▸ 小遣いは自分で稼いで使うつもりだ。

운동하는 **습관**을 들여야 된다.
밤늦게 자는 게 **습관**이 돼 버렸다.

▸ 運動する習慣を身につけるべきだ。
▸ 夜遅く寝るのが習慣になってしまった。

시를 좋아해서 **시**집을 선물했다.
마음에 드는 **시**를 노트에 옮겨 썼다.

▸ 詩が好きで詩集をプレゼントした。
▸ お気に入りの詩をノートに書き写した。

29日目 029
チェック!
答えは左ページ下

□ 손자	□ 수술	□ 수준	□ 숨
□ 손톱	□ 수염	□ 숙박	□ 스스로
□ 수도	□ 수입	□ 숙소	□ 습관
□ 수박	□ 수입	□ 술집	□ 시

30日目

名詞17

030

□465
시골
田舎
類 농촌 農村
対 도시 都市〔初級編092〕

□466
시설
施設
漢 施設

□467
식물
[싱물]
植物
漢 植物　対 동물
関 식물원 植物園

□468
식초
(食用の)**酢**
漢 食酢

□469
신경
神経
漢 神経　関 신경통 神経痛　慣 신경을 쓰다 気を遣う、気にする, 신경이 쓰이다 気になる

□470
신호
信号、合図
漢 信号
類 신호등〔初級編284〕

□471
실수
[실쑤]
ミス、失敗、失策、しくじり
漢 失手　動 실수하다
類 실패 失敗

□472
실천
実践
漢 実践
動 실천하다

Q 慣用句　韓国語では？　命を失う、命を落とす

실수は[실쑤]と発音します。このほか발달[발딸]や발전[발쩐]のように、漢字語のㄹパッチムの後に来るㄷ/ㅅ/ㅈは、濃音で発音されます。

086

시골에 사는 데 불편함은 없나요? ▸ 田舎に住むのに不便ではないですか?
시골도 살기 좋아져서 좋습니다. ▸ 田舎も住みやすくなって、いいですよ。

신도시라서 교육 **시설**도 좋고요. ▸ 新都市なので、教育施設もいいですし。
집 가까이에 스포츠 **시설**도 있어요. ▸ 家の近くにスポーツ施設もあります。

식물을 기르는 게 취미래요. ▸ 植物を育てるのが趣味だそうです。
봄이 오면 **식물**원에 같이 가요. 春が来たら植物園に一緒に行きましょう。

식초 맛이 너무 약한데요. ▸ 酢の味が弱すぎます。
식초를 좀 더 넣는 게 좋겠어요. ▸ お酢をもう少し入れたほうがいいですね。

신경통이 더 심해진 것 같아요. ▸ 神経痛がもっとひどくなったようです。
특별히 **신경**을 써 줘서 고마워요. ▸ 特別に気を遣ってくれてありがとう。

교통 **신호**를 잘 확인해야 된다. ▸ 交通信号をよく確認しないといけない。
신호를 보낼 테니까 그때 나와요. ▸ 合図を送るから、その時出てきてください。

두 번 다시 같은 **실수**는 하지 맙시다. ▸ 二度と同じミスはしないようにしましょう。
실수하면서 조금씩 나아지는 겁니다. ▸ 失敗しながら少しずつ良くなるのです。

이론과 **실천**은 둘 다 중요한데요. ▸ 理論と実践は両方とも重要ですが。
실천하는 건 용기가 필요합니다. ▸ 実践するには勇気が必要です。

A 慣用句 こたえ 목숨을 잃다

名詞17

🎧030

□473
실험

実験
漢 実験　動 실험하다
関 실험실 実験室

□474
심리
[심니]

心理
漢 心理
関 심리학 心理学

□475
심부름

お使い
動 심부름하다
関 심부름센터 便利屋

□476
심장

心臓、(比喩的に)心、中心部
漢 心臓　慣 심장이 강하다 度胸がある, 심장이 약하다 度胸がない

□477
싸움

けんか、戦い
※싸우다(戦う)の名詞形。
動 싸움하다

□478
쓰레기

ゴミ
関 쓰레기통 ゴミ箱

□479
아무 데

① **どこ**(でも)　② **どこ**(にも)
※아무 데나や아무 데도の形で使われます。

□480
아무 때

いつ(でも)、いかなるとき(でも)
※아무 때나の形で使われます。

30日目 🎧030
チェック!
答えは右ページ下

□ 田舎
□ 施設
□ 植物
□ 酢

□ 神経
□ 信号
□ ミス
□ 実践

□ 実験
□ 心理
□ お使い
□ 心臓

□ けんか
□ ゴミ
□ どこ
□ いつ

이번 **실험**이 결정적이었어요.	▸ 今回の実験が決定的でした。
대부분의 시간을 **실험**하면서 보냈죠.	▸ ほとんどの時間を実験しながら過ごしました。
심리 상태가 불안정해 보였어요.	▸ 心理状態が不安定に見えました。
심리학을 공부하면서 알게 됐죠.	▸ 心理学を勉強して知りました。
심부름을 보냈는데 아직 안 왔어요.	▸ お使いに出したのに、まだ帰っていません。
심부름센터에 부탁해 보자고 했어요.	▸ 便利屋に頼んでみようと言いました。
심장이 좀 안 좋다고 한다.	▸ 心臓が少し良くないそうだ。
오랜만에 **심장**이 뛰는 순간이었다.	▸ 久しぶりに心がときめく瞬間だった。
싸움은 생각만 해도 싫어요.	▸ けんかは考えただけでもいやです。
옆집에 부부 **싸움**이 난 것 같아요.	▸ 隣の家で夫婦げんかになったようです。
쓰레기는 쓰레기통에 버려 줘요.	▸ ゴミはゴミ箱に捨ててください。
어떻게든 **쓰레기**를 줄여야만 해요.	▸ 何とかゴミを減らすべきです。
그냥 가까운 데 **아무 데**나 가요.	▸ 近いところならどこでも行きましょう。
찾아봤는데 **아무 데**도 없었어요.	▸ 探してみましたが、どこにもありませんでした。
심부름은 **아무 때**나 괜찮습니다.	▸ お使いはいつでも大丈夫です。
아무 때나 불러 주십시오.	▸ いつでも呼んでください。

30日目 030
チェック!
答えは左ページ下

□ 시골	□ 신경	□ 실험	□ 싸움
□ 시설	□ 신호	□ 심리	□ 쓰레기
□ 식물	□ 실수	□ 심부름	□ 아무 데
□ 식초	□ 실천	□ 심장	□ 아무 때

名詞18

031

□ 481
아무런
何の、 何らの
※「아무런＋名詞」の形で使われます。
類 아무[1]〔初級編139〕

□ 482
아픔
痛み
※아프다(痛い)の名詞形。

□ 483
악수
[악쑤]
握手
漢 握手
動 악수하다

□ 484
안심
安心
漢 安心
動 안심하다

□ 485
암기
暗記
漢 暗記
動 암기하다

□ 486
앞길
[압낄]
①**前途、** 将来　②(家や店の)**前の通り**
類 앞날 将来、未来

□ 487
약간
[약깐]
①**若干、** 少し　②(副詞的に)**少し、** やや
漢 若干
類 좀〔入門編389〕

□ 488
양배추
キャベツ
漢 洋--
関 양배추 한 통 キャベツ1玉, 양파 タマネギ

Q 慣用句　韓国語では？　(トイレの)水を流す

어학연수は、연のところにㄴが挿入されたことで鼻音化が起こり、[어항년수]と発音されます。ㄴの挿入については巻末付録を参照してください。

087

아무런 소식도 없이 1년이 지났다. ▸ 何の知らせもなく1年が過ぎた。
아무런 사이도 아닌데 걱정이 됐다. ▸ 何の関係もないのに、心配になった。

아픔을 줄여 주는 약이라고 한다. ▸ 痛みを和らげる薬だという。
그때의 **아픔**을 잊지 말고 기억하자. ▸ あの時の痛みを忘れずに覚えておこう。

처음 만난 사람과 **악수**를 했다. ▸ 初めて会った人と握手をした。
악수하고 명함을 받았다. ▸ 握手して名刺を受け取った。

그 말을 들으니 **안심**이 됐다. ▸ その話を聞いて安心した。
안심하는 건 아직 이르지 않을까? ▸ 安心するのはまだ早いんじゃないかな？

암기는 잘하는데 이해력이 부족해요. ▸ 暗記はできるが、理解力が足りません。
다 **암기**했으니까 이제 잘 수 있어요. ▸ 全部暗記したから、もう眠れます。

앞길에 행운이 있기를 바란다. ▸ 前途に幸運があることを願う。
운전할 때 **앞길** 조심하세요. ▸ 運転する時は、前の通りに気をつけてください。

약간의 시간을 두고 생각해 보죠. ▸ 少し時間を置いて考えてみましょう。
붉은색보다 **약간** 연한 색이 좋겠다. ▸ 赤色より少し薄い色がいいと思う。

양배추 한 통은 다 못 먹어요. ▸ キャベツ1個は全部食べられません。
양배추 반 통과 양파를 몇 개 샀다. ▸ キャベツ半分とタマネギをいくつか買った。

A 慣用句 こたえ 물을 내리다

名詞18

□489
어려움

困難、 難しさ

※어렵다(難しい、厳しい)の名詞形。

□490
어린애

幼児、 子ども

類 어린이〔初級編337〕

関 어리다〔初級編239〕

□491
어학

語学

漢 語学

関 언어 言語, 어학연수 [어항년수] 語学研修

□492
어휘

語彙

漢 語彙

類 단어〔入門編235〕

□493
얼마간

①いくらか　②当分の間

漢 --間

□494
업무

[엄무]

業務

漢 業務

□495
엊그제

[얻끄제]

2、3日前、 数日前

同 엊그저께　慣 엊그제 같다 昨日のことのようだ、つい最近のことのようだ

□496
여권

[여꿘]　★ 려권

パスポート、 旅券

漢 旅券

31日目 031
チェック!
答えは右ページ下

□ 何の	□ 暗記	□ 困難	□ いくらか
□ 痛み	□ 前途	□ 幼児	□ 業務
□ 握手	□ 若干	□ 語学	□ 2、3日前
□ 安心	□ キャベツ	□ 語彙	□ パスポート

어려움을 극복하는 데 많은 도움이 됐다.
어려움이 있으면 뭐든 말해 봐요.

▸ 困難を克服するのに、大いに役立った。
▸ 困ったことがあれば何でも言ってみてね。

어린애가 춤을 진짜 잘 추네요.
어린애도 아닌데 알아서 잘 하겠지요.

▸ 幼い子が本当に上手に踊りますね。
▸ 子どもでもないのに、自分でうまくやるでしょう。

어학 공부는 암기가 중요해요.
한 달간 **어학**연수를 가게 됐어요.

▸ 語学の勉強は暗記が大事です。
▸ 1カ月間、語学研修に行くことになりました。

매일 **어휘**를 외우는 게 힘들어요.
기본 **어휘**는 1000 개 정도라고 해요.

▸ 毎日、語彙を覚えるのが大変です。
▸ 基本語彙は1000個ほどだそうです。

삼촌한테서 **얼마간**의 돈을 빌렸다.
이런 상태는 **얼마간** 계속될 것이다.

▸ おじさんからいくらかのお金を借りた。
▸ こんな状態は当分続くだろう。

회사 **업무**가 많이 늘어났어요.
업무를 다 처리하지 못하기도 해요.

▸ 会社の業務がかなり増えました。
▸ 業務をすべて処理できないこともあります。

엊그제 후배한테서 연락이 왔어요.
중학생 때가 **엊그제** 같은데 스무 살이래요.

▸ 2、3日前に後輩から連絡が来ました。
▸ 中学生の時が昨日のことのようなのに、20歳ですって。

여권을 만들고 비자를 신청했다.
여권은 잃어버리면 안 된다.

▸ パスポートを作ってビザを申請した。
▸ パスポートは失くしてはいけない。

31日目 031
チェック!
答えは左ページ下

□ 아무런	□ 암기	□ 어려움	□ 얼마간
□ 아픔	□ 앞길	□ 어린애	□ 업무
□ 악수	□ 약간	□ 어학	□ 엊그제
□ 안심	□ 양배추	□ 어휘	□ 여권

副詞5

032

□ 497
언젠가
いつか

□ 498
얼른
早く、すぐ、急いで
類 빨리〔入門編 312〕

□ 499
얼마든지
いくらでも
関 -든지(助詞) ~でも

□ 500
얼마만큼
どれくらい、どれほど
※縮約形の얼마큼もよく使われます。
関 -만큼 (助詞)~くらい、~ほど

□ 501
없이
[업씨]
なしに、ないままに
関 말없이 385, 빠짐없이 392

□ 502
여전히
依然として、相変わらず
漢 如前-
形 여전하다 相変わらずだ

□ 503
오래
長く、久しく
形 오래되다 古い、久しい　同 오래오래
関 오래전 ずっと前

□ 504
오직
ただ、ひたすら、ひとえに

Q 慣用句　韓国語では？　知は力なり

얼마든지の든지は「～でも」を表す助詞ですが、話し言葉では縮約形の든がよく使われます。

🎧 088

언젠가 내 마음을 알아줬으면 해요. **언젠가**는 그런 날이 오겠죠.	▸ いつか私の気持ちを分かってほしいです。 ▸ いつかはそんな日が来るでしょう。
땀을 흘렸으니까 **얼른** 옷을 갈아입어요. **얼른** 내리려다가 우산을 두고 내렸다.	▸ 汗をかいたので、早く服を着替えてください。 ▸ 急いで降りようとして、傘を置き忘れた。
마음만 먹으면 **얼마든지** 할 수 있어요. 궁금한 점은 **얼마든지** 물어보세요.	▸ その気になれば、いくらでもできます。 ▸ 気になることは、いくらでも聞いてください。
물은 **얼마만큼** 부으면 돼요? **얼마큼** 먹고 싶은지에 따라 달라요.	▸ 水はどれくらい入れればいいですか？ ▸ どれほど食べたいかによって違います。
누구의 도움도 **없이** 스스로 해냈다. 저는 형제 **없이** 혼자 자랐어요.	▸ 誰の助けもなしに、自分でやり遂げた。 ▸ 私は兄弟なしで一人で育ちました。
여전히 의문점이 남는 설명이었다. **여전히** 재미있게 살고 있군요.	▸ 依然として疑問点が残る説明だった。 ▸ 相変わらず楽しく暮らしているんですね。
오래 기다리게 해서 미안해요. 할머니, 건강하게 **오래오래** 사세요.	▸ 長くお待たせしてごめんなさい。 ▸ おばあさん、元気で長生きしてください。
1년간 **오직** 공부만 했다. 평생 동안 **오직** 한 길만 걸어왔다.	▸ 1年間、ただひたすら勉強ばかりした。 ▸ 一生の間、ひたすらこの道だけを進んできた。

A 慣用句こたえ 아는 게 힘이다

副詞5

032

□505
오히려
むしろ、かえって
類 차라리 615

□506
왜냐하면
なぜならば、なぜかというと
※왜냐면も同じ意味でよく使われます。

□507
왠지
なぜだか、なんだか、なんとなく

□508
이대로
① **このまま**　② **このように**
関 -대로(助詞) ～まま、～の通り

□509
이따가
(少し)**あとで**、のちほど
類 나중에 あとで

□510
이어서
① **続いて**　② **間もなく**
関 곧〔入門編302〕

□511
일단
[일딴]
いったん、ひとまず
漢 一旦

□512
일부러
わざわざ、わざと

32日目　032
チェック!
答えは右ページ下

□ いつか	□ なしに	□ むしろ	□ あとで
□ 早く	□ 依然として	□ なぜならば	□ 続いて
□ いくらでも	□ 長く	□ なぜだか	□ いったん
□ どれくらい	□ ただ	□ このまま	□ わざわざ

오히려 안 만나는 게 좋을 뻔했다.
▸ むしろ会わないほうが良かったかも。

늦을 줄 알았는데 **오히려** 일찍 왔다.
▸ 遅れると思ったのに、かえって早く着いた。

왜냐하면 거짓말을 했기 때문이죠.
▸ なぜならば、嘘をついたからです。

왜냐면 그리 말할 이유가 없잖아요.
▸ なぜかというと、そのように言う理由がないじゃないですか。

왠지 숲속에 들어온 듯한 느낌이다.
▸ なんだか森の中に入ってきたような気がする。

오늘은 **왠지** 모르게 기운이 없다.
▸ 今日はなんとなく元気がない。

이대로 가만히 있을 수 없잖아요.
▸ このままじっとしていられないでしょう。

이대로 똑같이 그릴 수 있나요?
▸ このように、まったく同じように描けますか？

이따가 할 이야기가 있는데요.
▸ あとで話があるんですが。

지금 바쁘니까 **이따가** 통화해요.
▸ 今忙しいので、あとで電話で話しましょう。

이어서 사용법을 설명하겠습니다.
▸ 続いて、使い方をご説明します。

곧 **이어서** 방송될 예정입니다.
▸ 間もなく放送される予定です。

일단 지켜보기로 했어요.
▸ いったん見守ることにしました。

배고프니까 **일단** 먹고 해요.
▸ お腹がすいたから、ひとまず食べてからにしましょう。

일부러 시간을 내 주셔서 고마워요.
▸ わざわざお時間を割いていただき、ありがとうございます。

일부러 그런 건 아니에요.
▸ わざとそうしたわけではありません。

32日目 032
チェック!
答えは左ページ下

□ 언젠가
□ 얼른
□ 얼마든지
□ 얼마만큼
□ 없이
□ 여전히
□ 오래
□ 오직
□ 오히려
□ 왜냐하면
□ 왠지
□ 이대로
□ 이따가
□ 이어서
□ 일단
□ 일부러

形容詞5

□ 513
어떻다<ㅎ>
[어떠타]

どうだ、どのようだ
※어떠하다の縮約形。

□ 514
완전하다

完全だ
漢 完全--　対 불완전하다 不完全だ
関 완전히 完全に, 완전(くだけた言い方で副詞的に)とても、めっちゃ

□ 515
위험하다

危ない、危険だ
漢 危険--　対 안전하다 413
関 위험 危険

□ 516
유명하다

有名だ
漢 有名--
関 유명인 有名人

□ 517
이렇다<ㅎ>
[이러타]

こうだ、このようだ
※이러하다の縮約形。

□ 518
이르다<르>

早い
対 늦다[1]〔入門編483〕
音 이르다 <러> 着く、(時間に)至る

□ 519
자세하다

詳しい、細かい
漢 仔細--
関 자세히 詳しく、詳細に

□ 520
저렇다<ㅎ>
[저러타]

ああだ、あのようだ
※저러하다の縮約形。

Q 慣用句　韓国語では？　知る人ぞ知る

좋다以外の形容詞は、語幹末にㅎがあれば全てㅎ変則用言です。
ㅎ変則用言については巻末付録を参照してください。

🎧 089

회사에서 **어떤** 일을 하시는지요? 거기 레스토랑의 음식 맛이 **어때요**?	▸ 会社でどんな仕事をしているんですか？ ▸ そこのレストランの料理の味はどうですか？
세상에 **완전한** 사람은 없어요. 불**완전했는데** 이제 완전히 좋아졌어요.	▸ 世の中に完全な人はいません。 ▸ 不完全だったが、もう完全によくなりました。
위험하니까 바위에 올라가지 마요. **위험한** 상황이 발생할 수 있어요.	▸ 危ないから岩に登らないでください。 ▸ 危険な状況が発生する可能性があります。
온천으로 완전 **유명한** 마을이래요. **유명해서** 모르는 사람이 없어요.	▸ 温泉でとても有名な町なんですって。 ▸ 有名なので、知らない人はいません。
모르겠으면 **이렇게** 해 보세요. 요즘 날씨, 왜 **이래요**?	▸ 分からなければこうしてみてください。 ▸ 最近の天気、どうなっているの？
실망하기에는 아직 **일러요**. **이른** 아침을 먹고 출근했어요.	▸ 失望するにはまだ早いです。 ▸ 早めの朝食をとって出勤しました。
자세한 이야기는 나중에 하죠. 그 일에 대해 **자세한** 건 모릅니다.	▸ 詳しい話はあとでしましょう。 ▸ そのことについて、細かいことは知りません。
사진은 **저렇지만** 보면 예뻐요. **저런** 말을 들은 적이 있다고요?	▸ 写真はああだけど、見るときれいです。 ▸ あのような話を聞いたことがあるんですって？

A 慣用句 こたえ　아는 사람은 알다

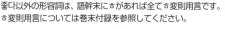

形容詞5

☐ 521
적당하다
[적땅하다]

適当だ、ちょうどよい
漢 適当-- 対 부적당하다 不適当だ
類 알맞다 414 関 적당히 適当に

☐ 522
적절하다
[적쩔하다]

適切だ
漢 適切-- 対 부적절하다 不適切だ
関 적절히 適切に

☐ 523
정확하다
[정화카다]

正確だ
漢 正確-- 対 부정확하다 不正確だ
関 정확히 正確に, 정확성 正確性

☐ 524
조용하다

静かだ
対 시끄럽다 402
関 조용히 静かに

☐ 525
즐겁다<ㅂ>
[즐겁따]

楽しい
関 즐거움 楽しみ, 즐기다 749

☐ 526
짙다
[짇따]

濃い
対 연하다 薄い

☐ 527
차갑다<ㅂ>
[차갑따] ★ 차겁다

冷たい
類 차다[1] 〔入門編 486〕
対 뜨겁다 203

☐ 528
착하다
[차카다]

やさしい、(行いが)良い、善良だ
関 착한 가격 安い値段

33日目 🎧033
チェック!
答えは右ページ下

☐ どうだ
☐ 完全だ
☐ 危ない
☐ 有名だ
☐ こうだ
☐ 早い
☐ 詳しい
☐ ああだ
☐ 適当だ
☐ 適切だ
☐ 正確だ
☐ 静かだ
☐ 楽しい
☐ 濃い
☐ 冷たい
☐ やさしい

결혼 선물로 뭐가 **적당할까요**? 둘이서 먹기에 **적당한** 양이네요.	▸ 結婚祝いに何が適当でしょうか? ▸ 2人で食べるのにちょうどいい分量ですね。
이런 표현이 **적절한지** 의문이에요. **적절한** 치료가 필요하답니다.	▸ こんな表現が適切なのか疑問です。 ▸ 適切な治療が必要だそうです。
정확한 약속 시간은 저도 몰라요. 한국어 발음이 아주 **정확하시네요**.	▸ 正確な約束の時間は、私も知りません。 ▸ 韓国語の発音がとても正確でいらっしゃいますね。
말수가 적고 **조용한** 편이에요. 잠시 **조용히** 해 주시기 바랍니다.	▸ 口数が少なくて静かなほうです。 ▸ しばらく静かにしてください。
그 사람은 보기만 해도 **즐거워요**. 여러분도 **즐거운** 휴가 보내세요.	▸ その人は見るだけでも楽しいです。 ▸ 皆さんも楽しい休暇を過ごしてください。
짙은 파란색 넥타이를 매 볼까? 부드럽고 **짙은** 맛의 스프였어요.	▸ 濃い青色のネクタイを締めてみようか? ▸ 柔らかくて濃い味のスープでした。
차가운 맥주를 한 캔 꺼내서 마셨다. 나한테만 **차갑게** 대하는 것 같다.	▸ 冷たいビールを1缶取り出して飲んだ。 ▸ 私にだけ冷たく当たっているようだ。
착해 보이는 이웃을 만났어요. **착한** 일도 많이 하려고 해요.	▸ やさしそうな隣人に出会いました。 ▸ 良いことも、たくさんしようと思います。

33日目 033
チェック!
答えは左ページ下

□ 어떻다	□ 이렇다	□ 적당하다	□ 즐겁다
□ 완전하다	□ 이르다	□ 적절하다	□ 짙다
□ 위험하다	□ 자세하다	□ 정확하다	□ 차갑다
□ 유명하다	□ 저렇다	□ 조용하다	□ 착하다

34日目 動詞 6

034

□ 529
받아들이다
受け入れる

□ 530
밝히다
[발키다]
① **明るくする**、照らす
② **明らかにする**、明かす
関 밝다〔初級編 229〕

□ 531
밟다
[밥따]
踏む

□ 532
벌다
(金を)**稼ぐ**、儲ける
慣 시간을 벌다 時間を稼ぐ

□ 533
벌리다
あける、広げる
関 입을 벌리다 口をあける

□ 534
벗어나다
抜け出す、切り抜ける、外れる

□ 535
변하다
変わる
漢 変--

□ 536
볶다
[복따]
炒める
関 볶음 炒め、볶음밥 チャーハン

Q 慣用句　韓国語では？　肩が軽い、気が楽だ

뵙다が뵙고、뵙습니다、뵙겠습니다のように子音で始まる語尾と結合するのに対して、뵈다は뵈어요/봬요、뵈었어요/뵀어요のように母音で始まる語尾と結合します。

090

결과를 **받아들이기로** 했다.
전체적으로 **받아들이는** 분위기였다.

▸ 結果を受け入れることにした。
▸ 全体的に受け入れる雰囲気だった。

세상을 **밝히는** 불빛처럼 느껴졌다.
사실을 **밝히기** 위해 노력해 왔다.

▸ 世の中を照らす光のように感じられた。
▸ 事実を明らかにするために努力してきた。

실수로 발을 **밟아서** 미안해요.
정해진 순서를 **밟아** 달라고 했다.

▸ 誤って足を踏んでしまい、ごめんなさい。
▸ 決められた手順を踏んでほしいと言った。

돈을 **벌어서** 사고 싶은 게 있어요.
큰돈을 **벌** 수 있다는 건 사기죠.

▸ お金を稼いで買いたいものがあります。
▸ 大金を稼げるというのは詐欺ですよ。

입을 **벌려서** '아' 해 보세요.
삼촌은 두 팔을 **벌려서** 반겨 줬어요.

▸ 口をあけて「ア」と言ってください。
▸ おじさんは両腕を広げて歓迎してくれました。

마치 현실에서 **벗어난** 느낌이었다.
터널을 **벗어나자** 큰 나무들이 보였다.

▸ まるで現実から抜け出した感じだった。
▸ トンネルを抜けると、大きな木々が見えた。

옷 색깔이 좀 **변한** 것 같지 않아요?
변한 게 아니라 원래 그런 색인데요.

▸ 服の色が少し変わった気がしませんか？
▸ 変わったのではなくて、もともとそういう色なんです。

야채를 **볶다가** 간장을 넣어요.
김치**볶음**밥이 제일 맛있었다고요.

▸ 野菜を炒めてから醤油を入れます。
▸ キムチチャーハンが一番おいしかったって。

A 慣用句こたえ　어깨가 가볍다

動詞6

034

□ 537
봐주다
①**大目に見る** ②**面倒を見る**
※보아주다の縮約形。
慣 잘 봐주다 大目に見る、見逃す

□ 538
뵈다
お目にかかる
※보다の謙譲語。-어요、-었어요など母音で始まる語尾と結合します。
同 뵙다〔初級編 415〕

□ 539
부닥치다
ぶつかる、ぶち当たる、突き当たる

□ 540
부치다
送る
類 보내다[1]〔入門編 335〕

□ 541
붓다[1] <ㅅ>
[붇따]
注ぐ
類 따르다[2] <으> つぐ、注ぐ

□ 542
비롯하다
[비로타다]
(〜を)**はじめとする**、始める
※「(〜を)はじめとする」は-를/을 비롯한の形で表現されます。

□ 543
비비다
こする、揉む、混ぜる
関 비빔밥〔入門編 264〕, 섞다 558

□ 544
비우다
空ける、空にする
関 자리를 비우다 席を外す, 마음을 비우다 欲を捨てる、心を無にする

34日目 034
チェック!
答えは右ページ下

□ 受け入れる	□ あける	□ 大目に見る	□ 注ぐ
□ 明るくする	□ 抜け出す	□ お目にかかる	□ はじめとする
□ 踏む	□ 変わる	□ ぶつかる	□ こする
□ 稼ぐ	□ 炒める	□ 送る	□ 空ける

이번 한 번만 좀 **봐주세요**.
주말에 아이를 좀 **봐주셨으면** 해서요.

- 今回一度だけ大目に見てください。
- 週末に子どもの面倒を見ていただきたいのですが。

또 **뵐** 수 있기를 바랍니다.
다음 주에 볼링장에서 **뵈어요**.

- またお会いできることを願っています。
- 来週ボーリング場でお会いしましょう。

어려움에 **부닥쳤을** 때 힘이 됐어요.
일단 **부닥쳐** 보면 뭔가 보일 거예요.

- 困難にぶつかった時に力になりました。
- とりあえずぶつかってみると、何か見えるでしょう。

택배는 편의점에서도 **부칠** 수 있어요.
일단 생활비를 **부치겠다고** 했어요.

- 宅配はコンビニでも送れますよ。
- ひとまず生活費を送ると言いました。

물을 세 컵 **붓고** 10분쯤 끓인다.
막걸리를 잔에 가득 **부으세요**.

- 水を3カップ注ぎ、10分ほど煮る。
- マッコリをグラスにいっぱい注いでください。

박물관을 **비롯한** 시설을 관리한다.
일용품을 **비롯해** 없는 게 없대요.

- 博物館をはじめとする施設を管理する。
- 日用品をはじめ、何でもあるそうです。

너무 추워서 손을 **비비고** 있었다.
비빔냉면은 잘 **비벼서** 드세요.

- あまりにも寒くて、手をこすっていた。
- ビビン冷麺は、よく混ぜて召し上がってください。

3시까지 회의실을 **비워** 주세요.
마음을 **비우고** 기다릴 수밖에 없다.

- 3時までに会議室を空けてください。
- 心を無にして待つしかない。

34日目 034
チェック!
答えは左ページ下

- ☐ 받아들이다
- ☐ 밝히다
- ☐ 밟다
- ☐ 벌다
- ☐ 벌리다
- ☐ 벗어나다
- ☐ 변하다
- ☐ 볶다
- ☐ 봐주다
- ☐ 뵈다
- ☐ 부닥치다
- ☐ 부치다
- ☐ 붓다
- ☐ 비롯하다
- ☐ 비비다
- ☐ 비우다

35日目 動詞7

🎧 035

□ 545
비치다
①**照る**、(光が)差す ②**映る** ③**透ける**

□ 546
빠지다
①**溺れる**、落ちる ②**はまる**、熱中する
関 살이 빠지다 やせる、肉が落ちる

□ 547
빨다
洗濯する、洗う
類 세탁하다 洗濯する
関 빨래 343

□ 548
빼다
抜く、引く、除く
対 더하다[2] 327 関 살을 빼다 (ダイエットして)やせる 慣 발을 빼다 足を抜く、身を引く

□ 549
뽑다
[뽑따]
選ぶ、抜く、(社員を)採る
類 고르다 103

□ 550
뿌리다
振りまく、まく
関 후추 / 후춧가루를 뿌리다 こしょうをかける

□ 551
사귀다
付き合う、交わる

□ 552
사라지다
消える
対 나타나다〔初級編 159〕

Q 慣用句 韓国語では？ 肩の荷が重い、荷が重い、責任が重い

살을 빼다で「(ダイエットして)やせる」。一方、살이 빠지다は病気やストレスなどで「(自然に)やせる」の場合に用います。

091

창으로 햇빛이 **비치기** 시작했다. ▸ 窓から日が差し始めた。
거울에 **비친** 모습이 딴 사람 같다. ▸ 鏡に映った姿が別人のようだ。
속이 **비치는** 셔츠를 입고 있었다. ▸ 肌が透けて見えるシャツを着ていた。

물에 **빠지지** 않도록 조심해요. ▸ 水に溺れないように気をつけなさい。
언니가 요즘 어떤 가수에 푹 **빠졌대요**. ▸ お姉さんが最近、ある歌手にすっかりはまっているそうです。

목욕하고 속옷과 양말을 **빨았다**. ▸ 入浴後、下着と靴下を洗った。
안 입는 바지를 **빨아서** 넣어 두었다. ▸ 着ないズボンを洗って、しまっておいた。

어깨 힘을 **빼고** 똑바로 서세요. ▸ 肩の力を抜いてまっすぐ立ってください。
100에서 45를 **빼면** 55잖아요. ▸ 100から45を引いたら55じゃないですか。
나만 **빼고** 다들 어디 갔지? ▸ 私だけ除けて、みんなどこに行ったかしら。

선거도 선거지만 **뽑을** 사람이 없다. ▸ 選挙も選挙だが、選ぶべき人がいない。
흰머리는 **뽑으면** 안 된대요. ▸ 白髪は抜いたら駄目だそうです。

씨를 **뿌리고** 그냥 기다리면 돼요. ▸ 種をまいて、ただ待てばいいですよ。
후추를 **뿌리면** 완성이에요. ▸ こしょうをかければ完成です。

사귀는 사람이 있는지요? ▸ 付き合っている人がいるのでしょうか?
나쁜 친구를 **사귀면** 안 된다. ▸ 悪い友達と交わってはいけない。

한동안 **사라졌다가** 다시 나타났다. ▸ しばらく消えていたが、再び現れた。
사라진 줄 알았는데 그게 아니었다. ▸ 消えたと思ったけれど、そうではなかった。

A 慣用句こたえ 어깨가 무겁다

動詞7

035

□ 553
살리다
生かす、(命を)助ける
対 죽이다 745

□ 554
살찌다
太る、肉が付く
同 살이 찌다
対 살이 빠지다, 살을 빼다 やせる

□ 555
살펴보다
よく見る、調べる、探る
類 알아보다 651, 살피다 調べる

□ 556
새우다
(夜を)明かす
関 밤을 새우다/밤새우다 徹夜する

□ 557
서두르다<르>
急ぐ

□ 558
섞다
[석따]
混ぜる
類 비비다 543

□ 559
숨기다
隠す
関 숨다 560

□ 560
숨다
[숨따]
隠れる、潜む
関 숨기다 559

35日目 035
チェック!
答えは右ページ下

□ 照る	□ 選ぶ	□ 生かす	□ 急ぐ
□ 溺れる	□ 振りまく	□ 太る	□ 混ぜる
□ 洗濯する	□ 付き合う	□ よく見る	□ 隠す
□ 抜く	□ 消える	□ 夜を明かす	□ 隠れる

전공을 **살려서** 번역을 하게 됐다. ▸ 専攻を生かして、翻訳をすることになった。

목숨만은 **살려** 주십시오. ▸ 命だけは助けてください。

올해 들어서 **살찐** 것 같은데요? ▸ 今年に入って太ったようだけど？

많이 **살쪄서** 다이어트 시작했어요. ▸ かなり太ったので、ダイエットを始めました。

주위를 잘 **살펴보고** 길을 건너야죠. ▸ 周りをよく見て道を渡らないと。

내용을 **살펴봤는데** 괜찮은 것 같아요. ▸ 内容を調べてみたのですが、いいと思います。

리포트 때문에 밤을 **새웠대요**. ▸ レポートのために徹夜したんですって。

이틀 밤**새웠더니** 살이 좀 빠졌어요. ▸ 2日間徹夜したら、少しやせました。

시간이 없으니 **서둘러** 주세요. ▸ 時間がないので急いでください。

서두르면 실수하니까 천천히 하자. ▸ 急ぐとミスするから、ゆっくりやろう。

소주에 소다수를 **섞은** 거랍니다. ▸ 焼酎にソーダ水を混ぜたものだそうです。

한국어와 일본어를 **섞어서** 말했어요. ▸ 韓国語と日本語を混ぜて話しました。

숨기지 말고 솔직히 말해 줘요. ▸ 隠さずに正直に言ってください。

진짜로 **숨기는** 건 아무것도 없어요. ▸ 本当に隠すことは何もありません。

어디 **숨어** 있다가 지금 나타났지? ▸ どこに隠れていて、今現れたのかな？

숨은 의도가 있을지도 몰라요. ▸ 隠れた意図があるかもしれません。

35日目 035
チェック!
答えは左ページ下

□ 비치다	□ 뽑다	□ 살리다	□ 서두르다
□ 빠지다	□ 뿌리다	□ 살찌다	□ 섞다
□ 빨다	□ 사귀다	□ 살펴보다	□ 숨기다
□ 빼다	□ 사라지다	□ 새우다	□ 숨다

5週目 力試しドリル

問題1～6：（　　　）の中に入れるのに適切なものを、①～④の中から1つ選んでください。
問題7～8：すべての（　　　）に入れられるものを、①～④の中から1つ選んでください。

---

1. 며칠 전부터 (　　)가/이 쓰이는 일이 있어요.

①심리　②신경　③실수　④시집

2. 올해는 머리를 안 자르고 (　　) 볼까 해요.

①길러　②늘려　③깎아　④발라

3. (　　) 문제점은 그대로인데 어떻게 할 건가요?

①얼른　②일단　③여전히　④오직

4. 조카가 태어난 게 (　　) 같은데 벌써 유치원에 간대요.

①그제　②엊그제　③어저께　④글피

5. 11시인데 점심을 먹기에는 (　　) 않나요?

①적당하지　②늦지　③정확하지　④이르지

6. 친구를 따라서 콘서트에 갔다가 아이돌에 (　　).

①빠졌다　②뽑았다　③좋아했다　④뵈었다

7. A : 다리에 힘을 (　　) 서 보세요.

B : 내년에는 먼저 살을 (　　) 싶어요.

C : 100명에서 12명을 (　　) 그냥 합시다.

①주고　②빼고　③비우고　④더하고

8. A : 내일 일이 있으니까 아이 좀 (　　).

B : 이번 한 번만 잘 (　　).

C : 제가 쓴 한국어 문장을 (　　).

①데려가세요　②읽으세요　③노세요　④봐주세요

解答・解説

1. ②

【日本語訳】数日前から(気)になることがあります。

①心理　②気(直訳は「神経」)　③ミス/失敗　④詩集

Point 신경이 쓰이다で「気になる」。

2. ①

【日本語訳】今年は髪の毛を切らずに、(伸ばして)みようかと思います。

①伸ばして/育てて(辞書形は기르다)　②増やして　③切って/削って　④塗って(辞書形は바르다)

Point 머리를 기르다で「髪の毛を伸ばす」。

3. ③

【日本語訳】(相変わらず)問題点はそのままですが、どうするつもりですか?

①早く　②いったん　③依然として/相変わらず　④ひたすら

4. ②

【日本語訳】甥が生まれたのが(昨日)のことのようなのに、もう幼稚園に行くそうです。

①おととい　②2、3日前　③昨日　④しあさって

Point 엊그제 같다で「昨日のことのようだ」「つい最近のことのようだ」。

5. ④

【日本語訳】11時なのにお昼を食べるには(早く)ありませんか?

①適当では　②遅く　③正確では　④早く

Point 「昼食を食べるには早い」のように、決まった時間帯や時期より早い場合は、이르다を使います。

6. ①

【日本語訳】友達についてコンサートに行って、アイドルに(はまった)。

①はまった　②選んだ　③好きだった　④お目にかかった

Point 빠지다には「溺れる」「はまる」などの意味があります。

7. ②

【日本語訳】A:足に力を(抜いて)立ってみてください。B:来年はまず(ダイエットをし)たいです。C:100人から12人を(引いて)、そのままやりましょう。

①やって/入れて　②抜いて　③開けて　④足して

Point Aには①②、Bには②のみ、Cには②④が可能です。なお、힘을 주다は「力を入れる」、살을 빼다は「ダイエットをする、やせる」という表現です。

8. ④

【日本語訳】A:明日用事があるから、子どもの(面倒を見てください)。B:今回一度だけ(大目に見てください)。C:私が書いた韓国語の文章を(見てください)。

①連れて行ってください　②読んでください　③遊んでください(辞書形は놀다)　④面倒を見てください/大目に見てください/見てください

Point Aには①④、Bには②③④、Cには②④が可能。

キクタン韓国語

6週目

✓学習したらチェック!

일주일에 두 번 도시락을 싼다.

（例文の意味は644参照）

名詞19

☐ 561
여유

余裕、 ゆとり
漢 余裕

☐ 562
역할
[여칼]

役割、 役目
漢 役割

☐ 563
연구

研究
漢 研究　動 연구하다, 연구되다
関 연구원 研究員

☐ 564
연기[1]

演技
漢 演技　動 연기하다　関 연기력 演技力, 연기자 演技者　音 연기[2] 565, 연기[3] 566

☐ 565
연기[2]

煙
漢 煙気
音 연기[1] 564, 연기[3] 566

☐ 566
연기[3]

延期
漢 延期　動 연기하다, 연기되다
音 연기[1] 564, 연기[2] 565

☐ 567
연령
[열령]　★ 년령

年齢、 年
漢 年齢
類 나이〔入門編376〕

☐ 568
연수

研修
漢 研修
関 어학연수 [어항년수] 語学研修

Q 慣用句　韓国語では？　ありもしない

예약はレストランの訪問日や病院の診察日などを事前に約束する場合に使われ、예매は乗車券やチケットなどを事前に購入する場合に使われます。

092

한동안 바빠서 **여유**가 없었다. ▸ しばらく忙しくて余裕がなかった。
될 수 있으면 좀 **여유** 있게 살고 싶다. ▸ できれば、少しゆとりを持って暮らしたい。

무슨 **역할**이든 열심히 할게요. ▸ どんな役割でも頑張ります。
중요한 **역할**을 맡게 됐어요. ▸ 重要な役割を担うことになりました。

공동으로 **연구** 주제를 정한대요. ▸ 共同で研究テーマを決めるんですって。
2년간 **연구**해 온 것을 발표했다. ▸ 2年間研究してきたことを発表した。

어릴 적부터 **연기**를 해 왔다. ▸ 幼い頃から演技をしてきた。
연기할 때 제일 만족감을 느낀다. ▸ 演技する時に一番満足感を味わえる。

차 앞부분에서 **연기**가 나는데요. ▸ 車の前の部分から煙が出ているんだけど。
아래층에서 담배 **연기**가 올라와요. ▸ 下の階から、タバコの煙が上がってきます。

1개월 이상의 **연기**는 안 됩니다. ▸ 1カ月以上の延期はできません。
시험이 **연기**된 적이 있기는 해요. ▸ 試験が延期されたことが、あるにはあります。

연기학원에 **연령** 제한은 없대요. ▸ 演技スクールに年齢制限はないんですって。
나보다 정신 **연령**이 높은 것 같아요. ▸ 私より精神年齢が高いようです。

사원 **연수**가 있어서 그날은 늦어요. ▸ 社員研修があるから、その日は遅いです。
8월에 어학**연수**를 가게 됐어요. ▸ 8月に語学研修に行くことになりました。

A 慣用句 こたえ 있지도 않다

名詞19

036

☐ 569
연애
★ 련애

恋愛
漢 恋愛
動 연애하다

☐ 570
연예인
★ 예술인(芸術人)

芸能人、タレント
漢 演芸人

☐ 571
열

①熱　②かっとすること
漢 熱　慣 열을 받다 886, 열을 내다 興奮する、腹を立てる

☐ 572
열쇠
[열쐬]

鍵

☐ 573
영수증
★ 령수증

領収証、領収書、レシート
漢 領収証

☐ 574
예매

前もって買うこと、前売り
漢 予買　動 예매하다 前売りを買う
関 예매권 前売り券

☐ 575
예술

芸術
漢 芸術
関 예술가 芸術家

☐ 576
예약

予約
漢 予約　動 예약하다
関 예약을 취소하다 予約を取り消す

36日目　036
チェック!
答えは右ページ下

☐ 余裕	☐ 煙	☐ 恋愛	☐ 領収証
☐ 役割	☐ 延期	☐ 芸能人	☐ 前もって買うこと
☐ 研究	☐ 年齢	☐ 熱	☐ 芸術
☐ 演技	☐ 研修	☐ 鍵	☐ 予約

연애는 처음이라서 잘 모르겠어요.
사촌은 **연애**할 시간이 없대요.

▸ 恋愛は初めてだから、よく分かりません。
▸ いとこは恋愛する時間がないそうです。

연예인이 나오는 프로도 안 보나요?
좋아하는 **연예인** 유튜브는 가끔 봐요.

▸ 芸能人が出る番組も見ないんですか？
▸ 好きな芸能人のYouTubeはたまに見ます。

어젯밤에 **열**이 나서 약을 먹었다.
열 내지 말고 내 말을 들어 봐요.

▸ 昨夜に熱が出て、薬を飲んだ。
▸ 腹を立てないで、私の話を聞いてみてください。

아무리 찾아도 **열쇠**가 안 보이네요.
자전거 **열쇠**는 잃어버리기 쉬워요.

▸ いくら探しても鍵が見当たりません。
▸ 自転車の鍵は失くしやすいです。

영수증이 있으면 주차가 무료래요.
영수증을 보여 달라고 했다.

▸ 領収書があれば、駐車が無料だそうです。
▸ レシートを見せてくれと言った。

티켓 **예매**는 실패했어요.
영화표는 폰으로 **예매**했어요.

▸ 前売チケット購入は失敗しました。
▸ 映画のチケットは、携帯で前売りを買いました。

예술 대학에서 현대 미술을 전공했다.
예술가 모임에 나가기도 한다.

▸ 芸術学部で現代美術を専攻した。
▸ 芸術家の会合に出たりもする。

호텔 **예약**은 언제 할까요?
한두 달 전에는 **예약**해야 돼요.

▸ ホテルの予約はいつしましょうか？
▸ 1、2カ月前には予約しないといけません。

36日目 036
チェック!
答えは左ページ下

□ 여유	□ 연기	□ 연애	□ 영수증
□ 역할	□ 연기	□ 연예인	□ 예매
□ 연구	□ 연령	□ 열	□ 예술
□ 연기	□ 연수	□ 열쇠	□ 예약

37日目 名詞20

037

□ 577
오징어
★ 낙지

イカ、スルメイカ
関 마른 오징어 スルメ

□ 578
온도

温度
漢 温度
関 온도계 温度計, 기온 122

□ 579
온천

温泉
漢 温泉

□ 580
왕복

往復
漢 往復
動 왕복하다

□ 581
요금
★ 료금

料金
漢 料金

□ 582
요새

近頃、この頃、最近
※요사이の縮約形。
類 요즘〔初級編 367〕, 최근 最近

□ 583
욕실
[욕씰]

浴室、バスルーム
漢 浴室
類 목욕탕〔初級編 171〕

□ 584
용기[1]

勇気
漢 勇気

Q 慣用句　韓国語では？　笑いごとではない

요새が「この頃」の意味で使われるように、요には「この」の意味があります。話し言葉でよく使われる요것(これ)、요 사람(この人)は、皆さんもドラマなどで聞いたことがあるかもしれません。

093

점심에 **오징어**볶음을 먹을래요?
오징어찌개도 맛있다고 소문났대요.

▸ お昼にイカの炒めものを食べますか?
▸ イカのチゲもおいしいと評判だそうです。

실내 **온도**는 몇 도가 적당한가요?
온도계가 25도 정도면 딱 좋아요.

▸ 室内温度は何度が適当ですか?
▸ 温度計が25度くらいなら、ちょうどいいです。

온천 여행을 가기로 했어요.
2박 3일인데, 유명한 **온천**이래요.

▸ 温泉旅行に行くことにしました。
▸ 2泊3日なんだけど、有名な温泉ですって。

왕복 2시간이면 괜찮은가요?
거긴 **왕복**하는 데 4시간이나 걸린대요.

▸ 往復2時間なら大丈夫ですか?
▸ そこは往復するのに4時間もかかるそうです。

전기 **요금**이 작년보다 많이 올랐어요.
버스 **요금**도 10월부터 오른대요.

▸ 電気料金が昨年より大幅に上がりました。
▸ バス料金も10月から上がるそうです。

요새 어떻게 지내세요?
요새 여행도 다니고 잘 지냅니다.

▸ 近頃どう過ごしていますか?
▸ 最近、旅行にも行って、元気に過ごしています。

욕실 바닥과 벽도 깨끗이 닦았다.
욕실 세제가 떨어져서 사 왔다.

▸ バスルームの床と壁もきれいに拭いた。
▸ 浴室の洗剤がなくなったので、買ってきた。

용기를 내서 세상에 나가려고 한다.
용기가 없었던 지난날이 부끄러웠다.

▸ 勇気を出して、世の中に出ようと思う。
▸ 勇気のなかった在りし日が恥ずかしかった。

A 慣用句 こたえ　웃을 일이 아니다

名詞20

037

□585
용돈
[용똔]

小遣い
漢 用-

□586
우편

郵便
漢 郵便
関 우편번호 郵便番号

□587
운전

運転
漢 運転　動 운전하다
関 운전면허 運転免許

□588
웃음

笑い、 笑み
※웃다(笑う)の名詞形。
対 울음 泣くこと、泣き

□589
원래
[월래]

元、 もともと、本来、そもそも(副詞としても用いる)
漢 元来　類 본래 本来

□590
원인

原因
漢 原因
類 이유 理由

□591
원장

院長、 園長
漢 院長、園長

□592
위반

違反
漢 違反
動 위반하다

37日目　037
チェック!
答えは右ページ下

□ イカ	□ 料金	□ 小遣い	□ 元
□ 温度	□ 近頃	□ 郵便	□ 原因
□ 温泉	□ 浴室	□ 運転	□ 院長
□ 往復	□ 勇気	□ 笑い	□ 違反

용돈은 내가 벌어서 쓰고 있어요.	▸ 小遣いは自分で稼いで使っています。
할머니한테서 특별 **용돈**을 받았어요.	▸ 祖母から特別な小遣いをもらいました。
내일이라도 **우편**으로 보낼게요.	▸ 明日にでも郵便で送りますね。
근데 **우편**번호가 몇 번이었죠?	▸ ところで、郵便番号は何番でしたっけ?
운전면허는 스무 살 때 땄어요.	▸ 運転免許は20歳の時に取りました。
운전하는 걸 좋아하는 것 같아요.	▸ 運転するのが好きなようです。
여기저기서 **웃음**소리가 들렸다.	▸ あちこちで笑い声が聞こえた。
웃음이 나오는 걸 간신히 참았다.	▸ 笑いが出るのを辛うじてこらえた。
디자인은 **원래**대로 해 주세요.	▸ デザインは元通りにしてください。
원래는 이런 게 아니었는데요.	▸ 元はこうではなかったのですが。
원래 내가 원했던 일이에요.	▸ もともと私が望んだことです。
사건의 **원인**에 대해서 설명했다.	▸ 事件の原因について説明した。
원인을 알아야 해결책을 세우죠.	▸ 原因が分からないと、解決策を立てられないですよね。
원장님은 사람을 보는 눈이 있군요.	▸ 院長は人を見る目がありますね。
그러고 보니 유치원 **원장**이 바뀐대요.	▸ そういえば、幼稚園の園長が替わるそうです。
교통 **위반**은 아니라고 한다.	▸ 交通違反ではないという。
법률을 **위반**했을 리가 없다.	▸ 法律に違反したはずがない。

37日目 🎧037
チェック!
答えは左ページ下

□ 오징어	□ 요금	□ 용돈	□ 원래
□ 온도	□ 요새	□ 우편	□ 원인
□ 온천	□ 욕실	□ 운전	□ 원장
□ 왕복	□ 용기	□ 웃음	□ 위반

38日目 名詞21

038

□ 593
윗사람
[윋싸람] ★ 웃사람

目上の人
対 아랫사람 目下の人
類 윗분 目上の方

□ 594
유원지

遊園地
漢 遊園地

□ 595
유치원

幼稚園
漢 幼稚園

□ 596
유행
★ 류행

流行、 はやり
漢 流行 動 유행하다
関 유행가 流行歌

□ 597
의논

話し合い、 相談
漢 議論
動 의논하다

□ 598
의무

義務
漢 義務
関 의무를 지다 義務を負う

□ 599
의문

疑問
漢 疑問
関 의문문 疑問文, 의문점 疑問点

□ 600
의식

意識
漢 意識 関 무의식적으로 無意識に, 의식이 돌아오다 意識が戻る

Q 慣用句 韓国語では？ 手に入れる、手にする、ものにする

윗사람は위(上)+사람(人)からなる合成語で、1番目の名詞にパッチムがないので、ㅅを加えて윗사람と表記します。아랫사람や윗분も同じパターンの合成語です。

🎧 094

설날에 **윗사람**들께 인사를 올렸다. **윗사람**과 이야기할 때 좀 긴장돼요.	▸ 正月に、目上の人たちにご挨拶をした。 ▸ 目上の人と話す時は少し緊張します。
유원지에 가고 싶으냐고 물었다. 안 그래도 **유원지**에 가고 싶었대요.	▸ 遊園地に行きたいかと聞いた。 ▸ それでなくても、遊園地に行きたかったんですって。
유원지 앞에 **유치원** 버스가 있었다. **유치원** 원장과 교사도 온 것 같아요.	▸ 遊園地の前に幼稚園のバスがいた。 ▸ 幼稚園の園長と教師も来たようです。
최근에 감기가 **유행**이라고 하네요. 이게 요새 **유행**하는 바지래요.	▸ 最近、風邪が流行っているそうです。 ▸ これが最近流行っているズボンだそうです。
의논 끝에 참가하지 않기로 했다. 위원회에서 **의논**할 게 있는데요.	▸ 話し合いの末、参加しないことにした。 ▸ 委員会で相談したいことがあるのですが。
시민의 **의무**와 권리에 대해 얘기했다. 그렇다고 참가할 **의무**는 없어요.	▸ 市民の義務と権利について話した。 ▸ だからといって、参加する義務はありません。
저기, **의문**이 하나 있는데요. 왜 그렇게 됐는지 **의문**이 생겨요.	▸ あのう、疑問が1つあるんですが。 ▸ なぜそうなったのか疑問に思います。
의식을 잃게 되는 수가 있습니다. 무**의식**적으로 그런 반응을 한 것 같다.	▸ 意識を失うことがあります。 ▸ 無意識にそのような反応をしたようだ。

A 慣用句 こたえ　손에 넣다

名詞21

038

□ 601
이곳저곳
[이곧쩌곧]
あちこち
類 여기저기〔初級編342〕

□ 602
이모
おば(母の姉妹)、おばさん
漢 姨母　関 고모 029
関 이모부 おじ(이모の夫)

□ 603
이불
布団
関 이불을 덮다 布団をかける

□ 604
이사
引っ越し、移転
漢 移徙　動 이사하다 引っ越す
関 이삿짐 引っ越しの荷物

□ 605
이웃
[이욷]
隣、近所
関 이웃집 隣の家、ご近所　諺 이웃이 사촌보다 낫다 遠くの親戚より近くの知人

□ 606
이익
★ 리익
利益、もうけ、得
漢 利益　対 손해 損害、損
関 이익을 보다 利益を得る

□ 607
인간
① **人間**　② **やつ**
漢 人間
関 인간미 人間味, 인간성 人間性

□ 608
인물
① **人物**、人材、人柄　② **容姿**
漢 人物　関 인물이 좋다 顔立ちが良い、人物がいい

38日目 038
チェック!
答えは右ページ下

□ 目上の人
□ 遊園地
□ 幼稚園
□ 流行
□ 話し合い
□ 義務
□ 疑問
□ 意識
□ あちこち
□ おば
□ 布団
□ 引っ越し
□ 隣
□ 利益
□ 人間
□ 人物

이곳저곳에 꽃이 피어서 예쁘네요. ▸ あちこちに花が咲いてきれいですね。
이곳저곳 다니다 보니 벌써 5시네. ▸ あちこち歩いていたら、もう5時だね。

이모한테서 우편물이 왔다. ▸ おばから郵便物が届いた。
이모의 손 글씨를 보니 반가웠다. ▸ おばさんの手書きを見てうれしかった。

추워서 겨울 **이불**을 꺼냈다. ▸ 寒くて冬布団を取り出した。
아이에게 **이불**을 덮어 줬다. ▸ 子どもに布団をかけてやった。

이사 비용은 몇 군데 비교해 봤다. ▸ 引っ越しの費用は、何カ所か比べてみた。
이사하려고 이삿짐센터에 연락했다. ▸ 引っ越ししようと、引っ越しセンターに連絡した。

이웃 동네에 스포츠센터가 생겼다. ▸ 隣町にスポーツセンターができた。
이웃이 사촌보다 낫다고 하잖아요. ▸ 遠くの親戚より近くの知人と言うじゃないですか。

이익이 나거나 손해를 볼 수도 있어요. ▸ 利益が出たり、損をすることもあります。
이익을 보면 둘이서 나누자고 했다. ▸ 利益を得たら、2人で山分けしようと言った。

인간답게 살고 싶다. ▸ 人間らしく生きたい。
그 **인간**하고는 같이 일을 못 하겠어요. ▸ そいつとは一緒に仕事ができません。

역사에 이름을 남길 만한 **인물**이죠. ▸ 歴史に名を残すほどの人物です。
인물도 좋지만 인간성이 진짜 좋아요. ▸ 顔立ちもいいですが、人間性が本当にいいんです。

38日目 038
チェック!
答えは左ページ下

□ 윗사람
□ 유원지
□ 유치원
□ 유행
□ 의논
□ 의무
□ 의문
□ 의식
□ 이곳저곳
□ 이모
□ 이불
□ 이사
□ 이웃
□ 이익
□ 인간
□ 인물

39日目 副詞6

🎧 039

□ 609 **자꾸만**	**しきりに**、何度も 類 자꾸〔初級編 470〕
□ 610 **점점**	**ますます**、だんだん、次第に 漢 漸漸 類 점차 611
□ 611 **점차**	**だんだん**、次第に、徐々に ※점차로の形もよく使われます。 漢 漸次　類 점점 610
□ 612 **제대로**	**思いどおりに**、まともに、きちんと
□ 613 **제법**	**なかなか**、かなり 類 꽤 179
□ 614 **주로**	**主に**、主として 漢 主-
□ 615 **차라리**	**むしろ**、いっそ、かえって 類 오히려 505
□ 616 **특히** [트키]	**特に** 漢 特-

Q 慣用句　韓国語では？　手を取る、手を握る、力を合わせる

副詞の푹は、푹 쉬다(ゆっくり休む)、푹 자다(ぐっすり眠る)、푹 끓이다(じっくり煮込む)のように、動詞と一緒に覚えると良いでしょう。

095

그 사진을 보면 **자꾸만** 웃음이 난다. ▸ その写真を見ると、しきりに笑いが出る。
자꾸만 같은 말을 하게 하지 마세요. ▸ 何度も同じことを言わせないでください。

일은 **점점** 더 늘어나기만 했다. ▸ 仕事はますます増えていくばかりだった。
친했던 친구들도 **점점** 멀어져 간다. ▸ 親しかった友達も次第に遠ざかっていく。

회사 사정도 **점차** 나아지겠지요. ▸ 会社の状況もだんだん良くなるでしょう。
이용자가 **점차** 늘어날 것으로 보인다. ▸ 利用者は徐々に増えるものと見られる。

제대로 되는 일이 하나도 없네요. ▸ 思いどおりになることが1つもないですね。
목감기로 목소리가 **제대로** 안 나왔다. ▸ 喉風邪で声がまともに出なかった。
제대로 된 교육 전문가가 필요하다. ▸ きちんとした教育専門家が必要だ。

춤 실력이 **제법**이네요. ▸ ダンスの実力がなかなかですね。
바람이 **제법** 차가워졌어요. ▸ 風がかなり冷たくなりました。

주로 주변 공원을 산책한대요. ▸ 主に周辺の公園を散歩するそうです。
주말엔 **주로** 청소하거나 요리를 해요. ▸ 週末は、主に掃除したり料理をしたりします。

차라리 일을 안 하는 게 낫겠다. ▸ むしろ仕事をしないほうがましだ。
그러면 **차라리** 헤어지는 게 좋아요. ▸ それなら、いっそ別れたほうがいいです。

과일 중에 **특히** 딸기를 좋아한다. ▸ 果物の中で特にイチゴが好きだ。
영어는 **특히** 듣기가 어려웠다. ▸ 英語は、特にリスニングが難しかった。

A 慣用句 こたえ 손을 잡다

副詞6

039

□617
폭
①**ゆっくり**、ぐっすり　②**じっくり**
関 폭 자다 ぐっすり眠る

□618
하나같이
[하나가치]
一様に、皆、いずれも

□619
한꺼번에
一度に、一緒に

□620
함부로
むやみに、やたらに

□621
항상
いつも、常に
漢 恒常
類 언제나〔入門編385〕, 늘〔初級編302〕

□622
혹은
あるいは、または
漢 或-
類 아니면 もしくは

□623
훨씬
(程度が)**ずっと**、はるかに
※時間の「ずっと」には계속〔初級018〕が使われます。

□624
힘껏
力いっぱい、精いっぱい、力の限り

39日目　039
チェック!
答えは右ページ下

□ しきりに
□ ますます
□ だんだん
□ 思いどおりに
□ なかなか
□ 主に
□ むしろ
□ 特に
□ ゆっくり
□ 一様に
□ 一度に
□ むやみに
□ いつも
□ あるいは
□ ずっと
□ 力いっぱい

피곤하면 하루 **푹** 쉬는 게 어때요?
▸ 疲れているなら、1日ゆっくり休んだらどうですか？

중간에 고기를 넣고 **푹** 끓이세요.
▸ 途中で肉を入れて、じっくり煮てください。

접시도 그릇도 **하나같이** 다 예뻤다.
▸ 皿も器も一様にきれいだった。

배우들의 연기도 **하나같이** 다 좋았다.
▸ 俳優たちの演技も皆良かった。

짐은 **한꺼번에** 부치는 게 낫겠다.
▸ 荷物は一度に送ったほうがいいと思う。

하는 김에 **한꺼번에** 정리하죠.
▸ ついでに一緒に整理しましょう。

말을 **함부로** 해서는 안 된다.
▸ むやみに言葉を発してはならない。

함부로 돈을 쓰다가 큰일 날 뻔했다.
▸ むやみにお金を使って、大変なことになるところだった。

항상 편한 옷에 손이 간다.
▸ いつも楽な服に手が伸びる。

엄마는 **항상** 자식들 걱정만 하셨다.
▸ お母さんはいつも子どものことばかり心配していた。

문자 **혹은** 메일 주세요.
▸ ショートメッセージかメールください。

1년 **혹은** 2년 후에 혼자 살까 한다.
▸ 1年、あるいは2年後に一人暮らしをしようと思う。

발음이 전보다 **훨씬** 좋아졌네요.
▸ 発音が前よりずっと良くなりましたね。

이 가방이 **훨씬** 가볍고 싼데요.
▸ このカバンのほうがずっと軽くて安いんですけど。

어린애가 공을 **힘껏** 던졌다.
▸ 子どもがボールを力いっぱい投げた。

힘껏 일했지만 생각대로 되지 않았다.
▸ 精いっぱい働いたが、思い通りにいかなかった。

39日目　039
チェック!
答えは左ページ下

□ 자꾸만	□ 제법	□ 푹	□ 항상
□ 점점	□ 주로	□ 하나같이	□ 혹은
□ 점차	□ 차라리	□ 한꺼번에	□ 훨씬
□ 제대로	□ 특히	□ 함부로	□ 힘껏

形容詞6

040

□ 625
철저하다
[철쩌하다]

徹底している
漢 徹底--
関 철저히 徹底的に

□ 626
충분하다

十分だ、 足りる
漢 充分--　対 불충분하다 不十分だ
関 충분히 十分に

□ 627
친절하다

親切だ
漢 親切--　関 친절히 親切に
対 불친절하다 不親切だ

□ 628
친하다

親しい
漢 親--
類 사이좋다 仲がいい、親しい

□ 629
커다랗다<ㅎ>
[커다라타]

非常に大きい

□ 630
특별하다
[특뼐하다]

特別だ
漢 特別--
関 특별히 特別に

□ 631
틀림없다
[틀리멉따]

間違いない、 確かだ
関 틀림없이 間違いなく
類 확실하다 確実だ 637

□ 632
파랗다<ㅎ>
[파라타]

青い
関 파란색/파랑 青色, 파란불 青信号
類 푸르다 634

Q 慣用句　韓国語では？　時間を稼ぐ

語幹末に르があるのに러変則用言に属するものには、ハン検3級レベルでは푸르다のほか、이르다(着く、至る)があります。러変則用言については巻末付録を参照してください。

096

철저한 준비로 합격할 수 있었어요. ▸ 徹底した準備で合格できました。
항상 자기 관리가 **철저한** 편이에요. ▸ 常に自己管理が徹底しているほうです。

충분한 휴식을 취하면 괜찮을 거예요. ▸ 十分な休息を取れば大丈夫でしょう。
설명하기엔 시간이 **충분하지** 않군요. ▸ 説明するには時間が足りませんね。

친절해 보이는 경찰관에게 물어봤다. ▸ 親切そうな警察官に聞いてみた。
친절하게 길 안내를 해 줬어요. ▸ 親切に道案内をしてくれました。

친한 선배랑 여행을 다녀왔어요. ▸ 親しい先輩と旅行に行ってきました。
중학교 때 제일 **친했던** 후배래요. ▸ 中学校の時の一番親しかった後輩だそうです。

커다란 나무가 한 그루 있었어요. ▸ 大きな木が1本ありました。
눈이 **커다래서** 기억에 남아요. ▸ 目が大きかったので、記憶に残っています。

가족과 보내는 시간은 **특별해요**. ▸ 家族と過ごす時間は特別です。
특별한 일이 없으면 유튜브를 봐요. ▸ 特別な用事がなければYouTubeを見ます。

저분이 교장이 **틀림없는지요**? ▸ あの方が校長であることは確かですよね?
틀림없이 잘할 수 있을 겁니다. ▸ 間違いなくうまくできるはずです。

파란색 셔츠가 마음에 든대요. ▸ 青いシャツが気に入ったんですって。
하늘도 **파랗고** 바다도 **파래요**. ▸ 空も青く、海も青いですね。

A 慣用句 こたえ 시간을 벌다 (532)

形容詞6

040

□ 633
편리하다
[펼리하다]

便利だ、都合がいい
漢 便利-- 対 불편하다 312
関 편리성 便利性

□ 634
푸르다<러>

青い
※「러変則」については巻末付録参照。
類 파랗다 632
関 푸른색/푸른빛 青色, 등 푸른 생선 青魚

□ 635
풍부하다

豊富だ、豊かだ
漢 豊富--
関 풍부히 豊かに

□ 636
하얗다<ㅎ>
[하야타]

白い
対 까맣다 089
関 하얀색/하양 白色

□ 637
확실하다
[확씰하다]

確実だ、確かだ
漢 確実-- 対 불확실하다 不確実だ
類 틀림없다 631 関 확실히 確実に

□ 638
훌륭하다

立派だ、素晴らしい、見事だ
関 훌륭히 立派に

□ 639
흔하다

よくある、珍しくない、ありふれている
対 드물다 201
関 흔히 よく

□ 640
힘차다

力強い、非常に元気だ

40日目 040
チェック!
答えは右ページ下

□ 徹底している	□ 非常に大きい	□ 便利だ	□ 確実だ
□ 十分だ	□ 特別だ	□ 青い	□ 立派だ
□ 親切だ	□ 間違いない	□ 豊富だ	□ よくある
□ 親しい	□ 青い	□ 白い	□ 力強い

교통도 **편리하고** 살기 좋은 곳이에요.	▸ 交通も便利で住みやすい所ですよ。
언제든 **편리한** 시간에 오세요.	▸ いつでもご都合のいい時間に来てください。
저 멀리 **푸른**빛이 보이죠?	▸ 遠くのほうに青い光が見えるでしょう?
나무들이 아주 **푸르러요**.	▸ 木々がとても青いです。
굉장히 **풍부한** 경험을 가지고 있대요.	▸ 非常に豊富な経験を持っているそうです。
등 푸른 생선이 영양도 **풍부해요**.	▸ 青魚のほうが栄養も豊富です。
하얀 드레스가 제일 낫겠죠?	▸ 白いドレスが一番いいでしょう?
얼굴이 너무 **하얀데** 괜찮으세요?	▸ 顔が白すぎるんですが、大丈夫ですか?
면접시험에 붙은 게 **확실한가요**?	▸ 面接試験に受かったのは確実ですか?
확실한 건 내일 알 수 있어요.	▸ 確かなことは明日分かります。
훌륭한 일을 많이 하셨어요.	▸ 立派な仕事をたくさんされました。
작품은 **훌륭한데** 덜 알려졌군요.	▸ 作品は素晴らしいのですが、あまり知られていないんですね。
일정이 늦어지는 건 **흔한** 일이죠.	▸ 日程が遅れるのはよくあることです。
이런 기회는 **흔하지** 않아요.	▸ このような機会は珍しいです。
힘찬 목소리로 대답해 주세요.	▸ 力強い声で答えてください。
오늘 하루도 **힘차게** 시작해요.	▸ 今日1日も、元気にスタートしましょう。

40日目 040
チェック!
答えは左ページ下

□ 철저하다	□ 커다랗다	□ 편리하다	□ 확실하다
□ 충분하다	□ 특별하다	□ 푸르다	□ 훌륭하다
□ 친절하다	□ 틀림없다	□ 풍부하다	□ 흔하다
□ 친하다	□ 파랗다	□ 하얗다	□ 힘차다

41日目 動詞8

🎧 041

□ 641
쉬다[2]

呼吸する、息をする
※主に숨と一緒に使われます。
音 쉬다[1]〔初級編 486〕 関 숨쉬기 呼吸

□ 642
식다
[식따]

冷める
関 식은 밥 冷やご飯, 식은땀 冷や汗
慣 열이 식다 熱が冷める、意欲がなくなる

□ 643
싣다<ㄷ>
[싣따]

①**積む、**(物を)乗せる ②**掲載する**
※「人を乗せる」の場合は태우다[1] 769 が使われます。

□ 644
싸다[2]

①**包む、**包装する ②(お弁当を)**つくる**
関 도시락을 싸다 弁当を作る
音 싸다[1]〔入門編 323〕

□ 645
쌓다
[싸타]

①**積む、**積み重ねる ②**築く**
関 실력을 쌓다 実力をつける, 쌓이다 積まれる

□ 646
썩다
[썩따]

腐る

□ 647
쏟다
[쏟따]

①**こぼす、**空ける ②**ぶちまける**
③**注ぐ**
関 쏟아지다 降り注ぐ 慣 힘을 쏟다 力を注ぐ

□ 648
쓰러지다

倒れる
類 넘어지다 215

Q 慣用句 韓国語では? 時が経つのを忘れる

「倒れる」を表す韓国語には、쓰러지다と넘어지다があります。쓰러지다はめまいなどで急に倒れる場合に使われるのに対して、넘어지다は何かに足が引っかかったりして倒れる場合に使われます。

097

이렇게 깊이 숨을 **쉬어** 보세요. ▸ このように深く息をしてみてください。
마스크를 하면 숨**쉬기**가 답답해요. ▸ マスクをすると息が苦しいです。

요리가 **식기** 전에 어서 드세요. ▸ 料理が冷めないうちにどうぞ。
너무 긴장해서인지 **식은**땀이 났다. ▸ 緊張しすぎたせいか冷や汗が出た。

짐은 차 뒤쪽에 **실어** 주세요. ▸ 荷物は車の後部に積んでください。
소설을 문학잡지에 **실게** 됐어요. ▸ 小説を文学雑誌に掲載することになりました。

포장지에 **싸** 드릴까요? ▸ 包装紙に包んで差し上げましょうか？
일주일에 두 번 도시락을 **싼다**. ▸ 週に2回お弁当を作る。

일단 경험을 **쌓는** 게 중요해요. ▸ まず経験を積むことが重要です。
실력을 **쌓다** 보면 기회가 오겠지요. ▸ 実力をつけると、チャンスが来るでしょう。
집 지을 때 벽을 높게 **쌓았답니다**. ▸ 家を建てる時に壁を高く築いたそうです。

냉장고의 오이가 **썩은** 것 같아요. ▸ 冷蔵庫のキュウリが腐ったようです。
썩어 버린 정치를 바꾸겠다고 한다. ▸ 腐ってしまった政治を変えるという。

잠이 덜 깨서 커피를 **쏟았다**. ▸ 寝ぼけてコーヒーをこぼした。
나도 모르게 불만을 **쏟아** 냈다. ▸ 思わず不満をぶちまけた。
더욱더 과학 교육에 힘을 **쏟겠다고** 한다. ▸ さらに科学教育に力を注ぐという。

친구가 길을 가다가 **쓰러졌다고** 한다. ▸ 友人が道を歩いていて倒れたそうだ。
태풍으로 큰 나무가 **쓰러졌대요**. ▸ 台風で大きな木が倒れたそうです。

A 慣用句 こたえ 시간 가는 줄 모르다

動詞8

041

□ 649

아끼다

節約する、惜しむ、大事にする

関 아낌없이 惜しみなく

慣 말을 아끼다 慎重に話す

□ 650

안다

[안따]

①**抱く**、抱える　②(心に)**いだく**

関 꼭 안다 ぎゅっと抱きしめる

□ 651

알아보다

①**調べる**、探る　②**見分ける**

類 살펴보다 555

関 못 알아보다 見分けがつかない

□ 652

앓다

[알타]

①**患う**、病む　②(心を)**痛める**、苦しむ

□ 653

어떡하다

[어떠카다]

どうする

□ 654

얼다

①**凍る**　②**おじ気づく**、(身が)こわばる、硬くなる

対 녹다 216　関 얼음 氷

□ 655

없애다

[업쌔다]

なくす、処分する

□ 656

여쭈다

申し上げる、伺う

同 여쭙다

41日目　041
チェック!
答えは右ページ下

□ 呼吸する	□ 積む	□ 節約する	□ どうする
□ 冷める	□ 腐る	□ 抱く	□ 凍る
□ 積む	□ こぼす	□ 調べる	□ なくす
□ 包む	□ 倒れる	□ 患う	□ 申し上げる

이제부터 용돈을 **아껴** 쓸게요.	▸ これから小遣いを節約して使います。
아끼는 후배 중의 한 명이에요.	▸ 大事にしている後輩の１人です。
아무 말 하지 말고 꼭 **안아** 주세요.	▸ 何も言わずに、ぎゅっと抱きしめてください。
덕분에 좋은 기억을 **안고** 갑니다.	▸ おかげさまで、いい思い出を心にいだいて帰ります。
연휴 때 어디 갈지 **알아보죠**.	▸ 連休にどこに行くか調べてみましょう。
못 **알아볼** 정도로 예뻐졌네요.	▸ 見分けがつかないほどきれいになりましたね。
큰 병을 **앓다가** 돌아가셨답니다.	▸ 大病を患って亡くなったそうです。
말도 못 하고 마음만 **앓던** 시절이었다.	▸ 何も言えず、心を痛めていた時期だった。
이제 **어떡하면** 좋을지 모르겠다.	▸ もうどうすればいいか分からない。
지갑을 잃어버렸는데 **어떡하죠**?	▸ 財布を落としてしまったんだけど、どうしよう？
눈 온 뒤에 길이 **얼면** 큰일인데요.	▸ 雪が降った後に道が凍ったら大変です。
면접 때 **얼지** 말고 잘 하고 와요.	▸ 面接の際に、硬くならないで頑張ってきてね。
조직을 완전히 **없애긴** 어려워요.	▸ 組織を完全になくすことは難しいです。
낡은 책상을 **없애고** 새 걸 사요.	▸ 古い机を処分して、新しいものを買いましょう。
여쭤 보고 싶은 게 있는데요.	▸ 申し上げたいことがあるのですが。
한 말씀 **여쭤도** 될까요?	▸ 一言お伺いしてもよろしいでしょうか？

41日目 041
チェック!
答えは左ページ下

□ 쉬다	□ 쌓다	□ 아끼다	□ 어떡하다
□ 식다	□ 썩다	□ 안다	□ 얼다
□ 싣다	□ 쏟다	□ 알아보다	□ 없애다
□ 싸다	□ 쓰러지다	□ 앓다	□ 여쭈다

42日目 動詞9

🎧 042

□ 657
옮기다
[옴기다]

①**移す** ②**訳す**
関 직장을 옮기다 転職する, 옮긴이 訳者

□ 658
외치다
[웨치다] ★ 웨치다

叫ぶ、わめく
関 외침 叫び

□ 659
울리다

①**泣かせる** ②**鳴る**
関 울다〔入門編 168〕

□ 660
움직이다

①**動く** ②**動かす**
関 움직임 動き

□ 661
원하다

望む、願う
漢 願--
類 바라다 446

□ 662
이러다<어>

こうする、こう言う
※「어変則」については巻末付録参照。

□ 663
이루다

成す、遂げる
関 잠을 못 이루다 眠れない, 이루어지다 成し遂げられる、かなう

□ 664
익다[1]
[익따]

①**実る**、熟する ②**煮える** ③**漬かる**

Q 慣用句　韓国語では？

しょっちゅうだ、日常茶飯事だ

잘생기다(ハンサムだ、きれいだ)や못생기다(不細工だ、醜い)は、人や動物の顔立ちだけではなく、体の一部(鼻、手、足など)や果物などにも使われます。

098

내년에 직장을 **옮기려고** 해요. ▸ 来年に転職しようと思います。
소설을 읽었는데 **옮긴이**가 후배였대요. ▸ 小説を読んだのですが、訳者が後輩だったそうです。

큰 소리로 **외치는** 사람이 있었다. ▸ 大声で叫ぶ人がいた。
사람들 앞에서 자신 있게 **외쳤다**. ▸ 人前で自信を持って叫んだ。

왜 또 사람을 **울리고** 그래요? ▸ どうしてまた人を泣かせたりするんですか?
그때 휴대폰 벨소리가 **울렸다**. ▸ その時、携帯電話の着信音が鳴った。

다들 생각처럼 **움직여** 주지 않았다. ▸ みんな思うように動いてくれなかった。
그 한마디가 내 마음을 **움직였다**. ▸ その一言が私の心を動かした。

뭘 **원하는지** 잘 모르겠어요. ▸ 何を望んでいるのかよく分かりません。
마음이 편안해지시길 **원합니다**. ▸ 心が安らかであることを願います。

누가 **이러라고** 했나요? ▸ 誰がこうしろと言ったんですか?
이래라 저래라 하지 마세요. ▸ こうしろああしろと言わないでください。

꿈을 **이루기** 위해 노력해 왔대요. ▸ 夢を叶えるために努力してきたそうです。
잠 못 **이루고** 고민하던 때가 있었죠. ▸ 眠れずに悩んでいた時がありました。

감이 **익으려면** 좀 더 있어야 돼요. ▸ 柿が熟すには、もう少し時間が必要です。
무는 충분히 **익은** 것 같아요. ▸ 大根は十分に煮えたようです。
김치가 잘 **익어서** 맛있네요. ▸ キムチがよく漬かっておいしいですね。

A 慣用句 こたえ

어제오늘의 일이 아니다
「日常茶飯事」は漢字語で일상다반사と言います。

動詞 9

042

□ 665
일으키다
起こす、興す

□ 666
잊혀지다
[이쳐지다]
忘れられる
※標準語は잊히다ですが、会話では잊히다より잊혀지다のほうがよく使われます。
同 잊히다

□ 667
자라나다
育つ、成長する
類 자라다〔初級編 565〕

□ 668
자르다 <르>
切る、解雇する
関 잘라(서) 말하다 手短に言う

□ 669
잘못되다
[잘몯뛔다]
① **間違う**、誤る
② (事故や病などで不幸にも)**死ぬ**
関 잘못하다〔初級編 566〕

□ 670
잘살다
豊かに暮らす
対 못살다 貧しく暮らす

□ 671
잘생기다
ハンサムだ、きれいだ
対 못생기다 442

□ 672
잠그다 <으>
① (鍵を)**かける**
② (ボタンを)**留める**

42日目 042
チェック!
答えは右ページ下

□ 移す	□ 望む	□ 起こす	□ 間違う
□ 叫ぶ	□ こうする	□ 忘れられる	□ 豊かに暮らす
□ 泣かせる	□ 成す	□ 育つ	□ ハンサムだ
□ 動く	□ 実る	□ 切る	□ 鍵をかける

넘어진 아이를 **일으켜** 줬다. 회사를 **일으켜** 세운 건 큰딸이래요.	▸転んだ子どもを起こしてやった。 ▸会社を興したのは長女だそうです。
잊혀진 일이라고 하지 마세요. 마지막 모습이 **잊혀지지** 않아요.	▸忘れられたことだと言わないでください。 ▸最後の姿が忘れられません。
건강하게 **자라나** 줘서 고맙다. 아기가 어느새 이렇게 **자라났어요**.	▸元気に育ってくれてありがとう。 ▸赤ちゃんがいつの間にかこんなに大きくなりました。
앞머리를 좀 짧게 **잘라** 주세요. 소문인데 직원을 몇 명 **자른답니다**.	▸前髪を少し短く切ってください。 ▸うわさだけど、職員を何人か解雇するそうです。
잘못된 것은 당연히 고쳐야죠. 잘라 말하면 진짜 **잘못될** 수도 있어요.	▸間違ったことは当然直さないと。 ▸手短に言うと、本当に死ぬかもしれません。
알고 보니 **잘사는** 나라였어요. 어릴 적부터 **잘살아서** 고생을 몰라요.	▸後で分かったけど、裕福な国でした。 ▸幼い頃から豊かに暮らして苦労を知りません。
잘생긴 게 다는 아니잖아요. 저 가수, 완전 귀엽고 **잘생겼다**.	▸ハンサムなのがすべてではないでしょ? ▸あの歌手、とてもかわいくてきれいだよ。
깜빡하고 문을 안 **잠갔다**. 단추를 **잠그는** 게 좋아요.	▸うっかりしてドアにカギをかけ忘れた。 ▸ボタンを留めたほうがいいです。

42日目 042
チェック!
答えは左ページ下

□ 옮기다	□ 원하다	□ 일으키다	□ 잘못되다
□ 외치다	□ 이러다	□ 잊혀지다	□ 잘살다
□ 울리다	□ 이루다	□ 자라나다	□ 잘생기다
□ 움직이다	□ 익다	□ 자르다	□ 잠그다

6週目 力試しドリル

問題1～6：（　　　）の中に入れるのに適切なものを、①～④の中から1つ選んでください。
問題7～9：問題文の意味を変えずに、下線部の言葉と置き換えが可能なものを、①～④の中から1つ選んでください。

---

1. 유원지 안에 제법 (　　) 바위가 있었잖아요.

①얇은　②단순한　③커다란　④풍부한

2. 이번 시험은 지난번보다 (　　) 쉬웠다.

①자꾸만　②주로　③계속　④훨씬

3. 실수로 노트북에 커피를 (　　) 버렸는데 어떡하지?

①잘못해　②쏟아　③쓰러져　④잘못돼

4. 사고를 (　　) 원인을 철저하게 조사했다.

①생긴　②쌓은　③이룬　④일으킨

5. 할머니가 추우니까 두꺼운 이불을 (　　) 자라고 하셨다.

①덮고　②깔고　③잠그고　④옮기고

6. A : 이사는 잘 했어?

B : 어. 어제는 (　　　)에 인사를 다녔어.

① 윗사람　② 연예인　③ 인물　④ 이웃집

7. 원장님은 아이들에게 <u>항상</u> 친절하게 대해 주신다.

① 언제든지　② 뭐든지　③ 언제나　④ 어쨌든

8. 부장님이 식당을 예약하신 게 <u>틀림없나요</u>?

① 확실한가요　② 충분한가요　③ 특별한가요　④ 철저한가요

9. 혹시 <u>원하는</u> 게 있으면 말씀해 주세요.

① 외치는　② 필요한　③ 여쭈는　④ 바라는

解答・解説

1. ③

【日本語訳】遊園地の中にかなり(大きな)岩があったじゃないですか。

①浅い　②単純な　③大きな　④豊富な

2. ④

【日本語訳】今回の試験は前回より(ずっと)簡単だった。

①しきりに　②主に　③ずっと　④ずっと

Point 程度の「ずっと」には훨씬が使われます。③の계속は、「週末はずっと家にいた」のような時間の「ずっと」に用います。

3. ②

【日本語訳】誤ってノートパソコンにコーヒーを(こぼして)しまったけど、どうしよう?

①間違えて　②こぼして　③倒れて　④間違って

4. ④

【日本語訳】事故を(起こした)原因を徹底的に調査した。

①生じた　②積み重ねた　③成し遂げた　④起こした

Point 사고를 일으키다で「事故を起こす」。

5. ①

【日本語訳】おばあさんが、寒いから厚い布団を(かけて)寝なさいと言った。

①かけて　②敷いて　③かけて　④運んで

Point 이불을 덮다で「布団をかける」。③の잠그다は「鍵をかける」の場合に使われます。

6. ④

【日本語訳】A:引っ越しは無事終わった?B:うん。昨日は、(ご近所)に挨拶回りしたよ。

①目上の人　②芸能人　③人物　④ご近所

Point 인사를 다니다で「挨拶回りする」。

7. ③

【日本語訳】院長先生は、子どもたちにいつも親切に接してくださる。

①いつでも　②何でも　③いつも　④とにかく

8. ①

【日本語訳】部長が食堂を予約したのは確かですか?

①確かですか　②十分ですか　③特別ですか　④徹底していますか

Point 틀림없다は확실하다と置き換え可能です。

9. ④

【日本語訳】もしも望んでいることがあれば、おっしゃってください。

①叫ぶ　②必要な　③伺う　④望む

Point 원하다と바라다のどちらも「望む」「願う」という意味で使われます。

キクタン韓国語

7週目

✓ 学習したらチェック！

- ■ 43日目　名詞22
- ■ 44日目　名詞23
- ■ 45日目　名詞24
- ■ 46日目　名詞25
- ■ 47日目　動詞10
- ■ 48日目　動詞11
- ■ 49日目　動詞12
- ■ 7週目　力試しドリル

비에 맞아서 옷이 다 젖었다.

（例文の意味は741参照）

名詞22

🎧 043

□ 673
인상
印象
漢 印象
関 첫인상 [처딘상] 第一印象

□ 674
인생
人生、生涯
漢 人生

□ 675
인정
人情、情け
漢 人情
関 인정이 많다 情け深い, 정 情

□ 676
일기[1]
天気
漢 日気　類 날씨〔入門編 457〕
関 일기예보 天気予報　音 일기[2] 677

□ 677
일기[2]
日記
漢 日記
音 일기[1] 676

□ 678
일반
一般
漢 一般
関 일반인 一般人, 일반적 一般的

□ 679
일부
一部
漢 一部
対 전부 全部

□ 680
일식
[일씩]　★일본료리(日本料理), 일본음식(日本飲食)
日本料理、和食
漢 日食
関 한식 840, 중식 中国料理, 일식집 日本料理店

Q 慣用句　韓国語では？　なかったことにする、白紙に戻す

첫인상の発音は[처딘상]です。よくテストに出るので覚えておきましょう。単語間の連音化には、このほかに맛없다[마덥따]などがあります。

099

강연 내용이 **인상** 깊었던 모양이군요.
인간미도 있고 첫**인상**도 좋았어요.

▸ 講演内容は印象深かったようですね。
▸ 人間味もあって第一印象も良かったです。

인생이란 정말 알 수가 없어요.
이모 **인생**에서 가장 기쁜 일이었대요.

▸ 人生なんて本当に分かりません。
▸ おばさんの人生で一番うれしいことだったんですって。

인정 많은 분이라서 인상에 남았어요.
속이 좁고 **인정**이 없는 사람은 싫어요.

▸ 情け深い方なので印象に残っています。
▸ 心が狭くて人情のない人は嫌です。

일기가 나빠서 행사를 취소했다.
일기예보에 따르면 눈이 온대요.

▸ 天気が悪いので行事をキャンセルした。
▸ 天気予報によると雪が降るそうですよ。

옛날에 쓴 **일기**를 가끔 꺼내서 본다.
초등학생 때 그림**일기**를 썼거든요.

▸ 昔に書いた日記を時々取り出して見る。
▸ 小学生の時、絵日記を書いたんです。

일반 시민들도 강연회에 많이 왔어요.
이럴 땐 웃어넘기는 게 **일반**적이죠.

▸ 一般市民も講演会にたくさん来ました。
▸ こういう時は、笑って済ますのが一般的ですよ。

주문한 물건이 **일부**만 왔나 봐요.
이게 **일부**에 지나지 않는다고요?

▸ 注文したものが一部だけ来たようです。
▸ これが一部に過ぎないですって？

중식말고 **일식**을 먹으러 가요.
이래 봬도 유명한 **일식**집이랍니다.

▸ 中華ではなく和食を食べに行きましょう。
▸ こう見えても、有名な日本料理店だそうです。

A 慣用句 こたえ　없던 일로 하다

名詞22

043

☐ 681
일용품
日用品
漢 日用品

☐ 682
임금
賃金
漢 賃金

☐ 683
입문
[임문]
入門
漢 入門
動 입문하다

☐ 684
입원
入院
漢 入院　動 입원하다
対 퇴원 退院

☐ 685
잎
[입]
葉
関 꽃잎 [꼰닙] 花びら、나뭇잎 [나문닙] 木の葉

☐ 686
자격
資格
漢 資格
関 자격증 資格(証), 자격을 얻다 資格を得る

☐ 687
자료
資料
漢 資料

☐ 688
자리[2]
① 跡　② 地位、ポスト
音 자리[1] 〔入門編 452〕

206 ▸ 207

43日目 043
チェック!
答えは右ページ下

☐ 印象	☐ 日記	☐ 日用品	☐ 葉
☐ 人生	☐ 一般	☐ 賃金	☐ 資格
☐ 人情	☐ 一部	☐ 入門	☐ 資料
☐ 天気	☐ 日本料理	☐ 入院	☐ 跡

일용품은 주로 어디서 사나요?
일용품을 싸게 파는 곳을 발견했다.

- 日用品は主にどこで買っていますか?
- 日用品を安く売っているところを見つけた。

임금 인상에 대해 의견을 나눴다.
그래도 최저 **임금**에 지나지 않는다.

- 賃上げについて意見を交わした。
- それでも最低賃金にすぎない。

원래 **입문** 코스는 6 개월이래요.
근데 **입문** 중간에 중급반으로 갔어요.

- もともと入門コースは6カ月だそうです。
- でも、入門の途中で中級クラスに行きました。

입원 날짜가 정해졌다고 해요.
한 달간 **입원**했다가 어제 퇴원했다.

- 入院日が決まったそうです。
- 1カ月間入院したが、昨日退院した。

노란 단풍나무 **잎**이 다 떨어졌다.
떨어진 나뭇**잎**을 밟으며 걸었다.

- 黄色いカエデの葉が全部落ちてしまった。
- 落ちた木の葉を踏みながら歩いた。

자격시험을 보려고 준비 중이에요.
자격증이 있으면 취직에 유리해요.

- 資格試験を受けようと準備中です。
- 資格があれば就職に有利です。

관련 **자료**가 부족한 것 같아요.
그때 **자료**를 다 찾았어야 했는데.

- 関連資料が足りないようです。
- あの時、資料を全部探すべきだったのに。

고대 그리스의 극장이 있던 **자리**래요.
전에 정부에서 높은 **자리**에 있었대요.

- 古代ギリシャの劇場の跡だそうです。
- 以前、政府で高い地位にいたそうです。

43日目 043
チェック!
答えは左ページ下

□ 인상	□ 일기	□ 일용품	□ 잎
□ 인생	□ 일반	□ 임금	□ 자격
□ 인정	□ 일부	□ 입문	□ 자료
□ 일기	□ 일식	□ 입원	□ 자리

名詞 23

044

□ 689
자막
字幕
漢 字幕

□ 690
자습
自習
漢 自習　動 자습하다
関 자습실 自習室, 자습서 自習書

□ 691
자신[1]
自分、自身
漢 自身　類 스스로 462
音 자신[2] 692

□ 692
자신[2]
自信
漢 自信　同 자신감
音 자신[1] 691

□ 693
자연
自然
漢 自然　形 자연스럽다 自然だ
副 자연히 自然に

□ 694
자유
自由
漢 自由
形 자유롭다 自由だ

□ 695
작가
[작까]
作家
漢 作家

□ 696
작곡
[작꼭]
作曲
漢 作曲　動 작곡하다
関 작곡가 作曲家

Q 慣用句　韓国語では？　執筆活動をやめる、ペンを折る

자신は同音異義語があるので、「自分」なのか「自信」なのか文脈で判断するしかありません。자신이 있다/없다(自信がある/ない)や자신을 가지다/잃다(自信を持つ/失う)のように、連語で覚えると良いでしょう。

100

자막

요새는 뉴스에도 **자막**이 있어요. ▸ 最近はニュースにも字幕があります。
자막 없이 한국 드라마를 보고 싶다. ▸ 字幕なしで韓国ドラマが見たい。

자습

자습 시간만 되면 잠이 왔다. ▸ 自習時間になると眠くなった。
자습실에서 한 시간 **자습**하고 갈게요. ▸ 自習室で1時間自習して帰ります。

자신

자기 **자신**을 믿는 수밖에 없어요. ▸ 自分自身を信じるしかありません。
그때의 **자신**을 칭찬해 주고 싶어요. ▸ あの時の自分を褒めてあげたいです。

할 수 있다는 **자신**을 가지세요. ▸ できるという自信を持ってください。
자신감을 잃지 않도록 도와줘요. ▸ 自信を失わないように助けてください。

자연

자연이 그대로 남아 있는 곳이에요. ▸ 自然がそのまま残っているところです。
발음이 아주 **자연**스럽네요. ▸ 発音がとても自然ですね。

자유

자유를 얻기 위해 싸워 온 역사였다. ▸ 自由を得るために戦ってきた歴史だった。
자연 속에서 **자유**롭게 뛰어놀았다. ▸ 自然の中で自由に走り回った。

작가

작가들과 자리를 같이하게 됐다. ▸ 作家たちと席を共にすることになった。
유명 **작가**가 펜을 놓겠다고 했다. ▸ 有名作家が執筆活動をやめると言った。

작곡

본인이 **작곡**도 하고 작사도 한대요. ▸ 本人が作曲もして作詞もするそうです。
AI가 **작곡**했다고 하는데 괜찮았다. ▸ AIが作曲したというが、良かった。

A 慣用句 こたえ 펜을 놓다

名詞23

🎧044

□697
작문
[장문]

作文
[漢] 作文
[類] 글쓰기 062

□698
작업

作業
[漢] 作業　[動] 작업하다
[関] 작업복 作業服, 작업장 作業場

□699
작은딸

次女、下の娘
[対] 작은아들 次男

□700
작은아버지

父の弟、おじ
[同] 작은아빠
[対] 작은어머니 / 작은엄마 おば(작은아버지の妻)

□701
잔돈

① **小銭**、はした金　② **おつり**
[類] 거스름돈 013

□702
잠옷
[자몯]

パジャマ、寝間着
[同] 파자마

□703
장갑

手袋
[漢] 掌甲
[関] 고무장갑 ゴム手袋

□704
장남

長男
[漢] 長男　[同] 큰아들
[対] 큰딸 817, 장녀 長女

44日目 🎧044
チェック!
答えは右ページ下

□ 字幕
□ 自習
□ 自分
□ 自信
□ 自然
□ 自由
□ 作家
□ 作曲
□ 作文
□ 作業
□ 次女
□ 父の弟
□ 小銭
□ パジャマ
□ 手袋
□ 長男

작문 연습을 위해 일기를 쓴다.	▸ 作文の練習のために、日記を書いている。
듣기보다 **작문**이 어려운 것 같아요.	▸ リスニングより、作文が難しいと思います。
전에 없이 **작업** 일정이 짧았다.	▸ かつてないほど作業日程が短かった。
작업할 때는 **작업**복을 입어야 한다.	▸ 作業する時は、作業服を着なければならない。
작은딸도 작은아들처럼 입이 무거워요.	▸ 次女も次男のように口が堅いです。
옆집의 **작은딸**은 속이 깊은 것 같아요.	▸ お隣の下の娘さんは思慮深いようです。
작은아버지는 너무 사람이 좋아요.	▸ おじは、お人好しが過ぎます。
작은아버지랑 작은엄마가 오신대요.	▸ おじさんとおばさんが来るんですって。
잔돈이 있으니까 이걸로 사요.	▸ 小銭があるから、これで買いなさい。
작은어머니가 **잔돈**은 필요 없대요.	▸ おばさんがおつりは要らないんですって。
잠옷은 고르기가 어려워요.	▸ パジャマは選ぶのが難しいです。
선물은 **잠옷**만 빼고 다 좋아요.	▸ プレゼントはパジャマ以外は何でもいいです。
작업용 **장갑**으로는 이게 최고죠.	▸ 作業用手袋としては、これが最高ですよ。
장갑 한 짝을 잃어버린 것 같아요.	▸ 手袋の片方をなくしたようです。
장남이나 장녀는 책임감이 강해요.	▸ 長男や長女は責任感が強いです。
삼 형제의 **장남**인데 멋있는 친구죠.	▸ 3人兄弟の長男なんだけど、かっこいい人だよ。

44日目 🎧044
チェック!
答えは左ページ下

□ 자막	□ 자연	□ 작문	□ 잔돈
□ 자습	□ 자유	□ 작업	□ 잠옷
□ 자신	□ 작가	□ 작은딸	□ 장갑
□ 자신	□ 작곡	□ 작은아버지	□ 장남

名詞24

045

□ 705
장사
商売
動 장사하다
関 장사꾼 商売人

□ 706
재료
材料
漢 材料

□ 707
재미
① **楽しさ**、面白さ、興味　②(商売などの)**儲け**
類 흥미 863　関 재미를 붙이다 興味を持つ, 재미가 나다/재미나다 面白みがある、面白い

□ 708
재산
財産
漢 財産

□ 709
재작년
[재장년]
おととし、一昨年
漢 再昨年

□ 710
저금
貯金
漢 貯金　動 저금하다
関 저금통 貯金箱, 저금을 찾다 貯金をおろす

□ 711
적극
[적끅]
積極的(に)
※ 적극적(積極的)の形もよく使われます。
漢 積極

□ 712
전국
全国
漢 全国
関 전국적 全国的

Q 慣用句　韓国語では？　熱が冷める、意欲がなくなる

전기(電気)と関連して、日常生活でよく使われる전기가 안 들어오다(電気が切れる)を覚えておきましょう。スイッチを入れたのに、明かりがつかない場合、전기가 안 들어오네요と言います。

101

장사 때문에 몸이 열 개라도 모자라요.
친척이 **장사**하는데 요새 힘들대요.

▸ 商売のことで息つく暇もないです。
▸ 親戚が商売してるんだけど、最近大変ですって。

재료를 잘라서 볶기만 하면 돼요.
소설에 쓸 이야기 **재료**를 모은대요.

▸ 材料を切って炒めるだけでいいですよ。
▸ 小説に使う材料をを集めているそうです。

최근에 캠핑에 **재미**를 붙이게 됐다.
10 년 전에 땅을 사서 **재미**를 봤대요.

▸ 最近キャンプに興味を持つようになった。
▸ 10年前に土地を買って利益を得たんだって。

재산을 모으기는 쉽지 않다.
건강이야말로 가장 큰 **재산**이죠.

▸ 財産を増やすのは簡単ではない。
▸ 健康こそ最大の財産です。

재작년에 놀러 간 데가 좋았어요.
재작년이면 작은딸이 결혼하기 전인가?

▸ おととし遊びに行った所が良かったです。
▸ おととしなら次女が結婚する前かな？

옛날부터 **저금**통에 **저금**해 왔거든요.
돈 쓸데가 생겨서 **저금**을 찾았어요.

▸ 昔から貯金箱に貯金してきたんです。
▸ お金を使う事情ができて貯金をおろしました。

의사는 운동을 **적극** 권했다.
오히려 사원들이 **적극**적으로 나섰다.

▸ 医者は運動を積極的に勧めた。
▸ むしろ社員たちが積極的に乗り出した。

전국 어디나 배달 가능하답니다.
전국적으로 맑고 따뜻하겠습니다.

▸ 全国どこにでも配達可能だそうです。
▸ 全国的に晴れて暖かいでしょう。

A 慣用句こたえ 열이 식다 (642)

名詞24

🎧 045

□ 713
전기
電気
漢 電気　関 전기밥솥 電気炊飯器, 전기가 나가다 停電する　音 전기 前期

□ 714
전날
前日、先日
漢 前 -

□ 715
전원
電源
漢 電源　関 전원이 켜지다 / 꺼지다 電源が入る / 切れる, 전원을 켜다 / 끄다 電源を入れる / 切る

□ 716
전통
伝統
漢 伝統
関 전통적 伝統的, 전통차 伝統茶

□ 717
점원
店員
漢 店員
関 점장 店長

□ 718
정류장
[정뉴장]　★ 정류소
停留所
漢 停留場

□ 719
정리
[정니]
整理、片付け
漢 整理
動 정리하다, 정리되다

□ 720
정보
情報
漢 情報
関 정보화 情報化, 정보에 밝다 情報に詳しい

45日目　🎧 045
チェック!
答えは右ページ下

□ 商売	□ おととし	□ 電気	□ 店員
□ 材料	□ 貯金	□ 前日	□ 停留所
□ 楽しさ	□ 積極的	□ 電源	□ 整理
□ 財産	□ 全国	□ 伝統	□ 情報

태풍으로 며칠 **전기**가 나갔다고 해요.
▸ 台風で何日か停電したそうです。

전기밥솥을 새로 사자고요?
▸ 電気炊飯器を新しく買おうって？

그 **전날**에 있었던 일을 설명했다.
▸ その前日にあったことを説明した。

전날 생각해 보겠다고 했잖아요.
▸ 先日、考えてみると言ったじゃないですか。

노트북 **전원**이 안 들어와요.
▸ ノートパソコンの電源が入りません。

핸드폰 **전원**을 껐다가 켜 봐요.
▸ 携帯の電源を切ってから入れ直してみてください。

전통을 지키기 위해 힘써 왔다.
▸ 伝統を守るために努力してきた。

한국 **전통**차를 마셔 본 적이 있다.
▸ 韓国の伝統茶を飲んだことがある。

점장 한 명과 **점원** 두 명밖에 없어요.
▸ 店長1人と店員2人しかいません。

점원이 사용법을 친절히 알려 줬어요.
▸ 店員さんが使い方を親切に教えてくれました。

다음 **정류장**에서 전철로 갈아타요.
▸ 次の停留所で電車に乗り換えます。

버스 **정류장** 건너편에 우체통이 있어요.
▸ バス停の向かい側にポストがあります。

옷 **정리**를 하는 김에 청소를 했다.
▸ 服の整理をするついでに掃除をした。

생각보다 **정리**할 게 많지 않았다.
▸ 思ったより片付けるものが多くなかった。

개인 **정보**라서 밝히기 어렵다.
▸ 個人情報なので明らかにするのは難しい。

정보화 시대에 주의해야 할 점입니다.
▸ 情報化時代に注意すべき点です。

45日目　045
チェック!
答えは左ページ下

□ 장사	□ 재작년	□ 전기	□ 점원
□ 재료	□ 저금	□ 전날	□ 정류장
□ 재미	□ 적극	□ 전원	□ 정리
□ 재산	□ 전국	□ 전통	□ 정보

名詞25

🎧 046

□ 721
정신

精神、心、魂、意識
漢 精神　関 정신적 精神的　慣 정신을 잃다 気を失う, 정신이 들다 意識を取り戻る、気が付く

□ 722
정치

政治
漢 政治
関 정치인 / 정치가 政治家, 정치적 政治的

□ 723
조건
[조껀]

条件
漢 条件
関 무조건 無条件

□ 724
조카

めい、おい
関 조카딸 めいっこ

□ 725
종교

宗教
漢 宗教
関 종교인 宗教家, 종교적 宗教的

□ 726
종류
[종뉴]

種類
漢 種類

□ 727
좌우

左右
漢 左右
動 좌우하다, 좌우되다

□ 728
주머니

① **袋**　② **巾着**、財布　③ **ポケット**
類 호주머니 ポケット
慣 주머니가 가볍다 懐が寒い

Q 慣用句　韓国語では？　興奮する、腹を立てる

정신と関連して、정신없다という慣用句をご紹介します。「気が気でない」「気がせく」「無我夢中だ」「忙しい」などの意味で、日常会話でよく使われます。

102

정신적으로 힘들어서 그만두고 싶다. 일하다가 **정신**을 잃고 쓰러졌다.	▸ 精神的に疲れるので辞めたい。 ▸ 仕事中に気を失って倒れた。
국민의 관심만이 **정치**를 발전시킨다. 제대로 된 **정치**가를 뽑아야 된다.	▸ 国民の関心だけが政治を発展させる。 ▸ まともな政治家を選ばないといけない。
조건에 딱 맞는 회사는 찾기 힘들다. 원하는 건 무**조건** 다 들어 주겠대요.	▸ 条件にぴったりの会社は見つけにくい。 ▸ 望むことは無条件にすべて聞いてくれるって。
조카는 할머니를 몹시 따랐다. 내일모레 **조카**딸이 놀러 온대요.	▸ めい(おい)は祖母にすごく懐いていた。 ▸ 明後日、めいっこが遊びに来るそうです。
상대방의 **종교**는 불교래요. **종교**인으로서 할 일을 했을 뿐이다.	▸ 相手の宗教は仏教だそうです。 ▸ 宗教家としてすべきことをしただけだ。
김치 **종류**가 한두 가지가 아니다. 쓰레기는 **종류**별로 나눠서 버려야 된다.	▸ キムチの種類は1つや2つではない。 ▸ ゴミは種類別に分けて捨てなければならない。
길을 건널 때 **좌우**를 살펴야 한다. 날씨에 따라 기분이 **좌우**되기도 해요.	▸ 道を渡る時、左右に注意すべきだ。 ▸ 天気によって気分が左右されることもあります。
화장품 **주머니**로 이게 좋겠다. **주머니**가 가벼워져서 외식을 줄였다. 바지 **주머니**에 구멍이 났다.	▸ 化粧品を入れる袋として、これがいい。 ▸ 懐が寒くなったので、外食を減らした。 ▸ ズボンのポケットに穴があいた。

A 慣用句 こたえ 열을 내다 (571)

046

□ 729
주먹
①**こぶし** ②**～握り**
関 주먹을 쥐다/펴다 こぶしを握る/開く,
주먹밥 おにぎり

□ 730
주민
住民
漢 住民

□ 731
주사
注射
漢 注射
関 주사를 놓다/맞다 注射を打つ/打たれる

□ 732
주위
周囲、周り
漢 周囲
類 주변 周辺

□ 733
주인
持ち主
漢 主人
関 집주인 大家、家主

□ 734
주장
主張、言い分
漢 主張
動 주장하다

□ 735
지하
地下
漢 地下　対 지상 地上
関 지하도 地下道

□ 736
직장
[직짱]
職場
漢 職場
関 직장인（職場人）会社員

46日目 046
チェック!
答えは右ページ下

□ 精神	□ 宗教	□ こぶし	□ 持ち主
□ 政治	□ 種類	□ 住民	□ 主張
□ 条件	□ 左右	□ 注射	□ 地下
□ めい	□ 袋	□ 周囲	□ 職場

주먹을 쥐었다가 펴세요.
점심에 **주먹**밥하고 빵을 먹었어요.
할머니가 사탕을 한 **주먹** 주셨다.

▸ こぶしを握ってから、開いてください。
▸ お昼におにぎりとパンを食べました。
▸ おばあさんが、飴をひと握りくれた。

주민들이 순서를 정해 청소했다.
일이 있어서 **주민**센터에 갔다 왔다.

▸ 住民たちが順番を決めて掃除した。
▸ 用事があって、住民センターに行ってきた。

안 아프게 **주사**를 놓아 주세요.
주사 맞은 곳을 가볍게 눌러 주래요.

▸ 痛くないように注射を打ってください。
▸ 注射を打ったところを軽く押さえてくださいって。

주위의 도움으로 여기까지 왔어요.
코 **주위**가 빨간 건 왜 그래요?

▸ 周囲の助けでここまで来ました。
▸ 鼻の周りが赤いのはどうしたんですか?

이 가방의 **주인**을 찾고 있어요.
집**주인**의 주장과는 다른 것 같네요.

▸ このカバンの持ち主を探しています。
▸ 大家の言い分とは違うようですね。

자기**주장**이 좀 강한 편이래요.
무조건 참가하자고 **주장**했어요.

▸ 自己主張がちょっと強いほうだそうです。
▸ 無条件に参加しようと主張しました。

지하 주차장에 차를 세우라고 해요.
지상 5층에 **지하** 2층 건물을 짓는대요.

▸ 地下駐車場に車を停めてとのことです。
▸ 地上5階、地下2階の建物を建てるそうです。

직장에 손발이 맞는 동료가 있어요.
직장인들한테 꽤 인기가 있거든요.

▸ 職場に息の合う同僚がいます。
▸ 会社員たちにかなり人気があるんですよ。

46日目 046
チェック!
答えは左ページ下

□ 정신	□ 종교	□ 주먹	□ 주인
□ 정치	□ 종류	□ 주민	□ 주장
□ 조건	□ 좌우	□ 주사	□ 지하
□ 조카	□ 주머니	□ 주위	□ 직장

動詞10

🎧 047

□ 737
잡히다
[자피다]
① **捕まる**、捕えられる ② **捕れる**、獲れる
③ (計画が) **決まる**
関 잡다〔初級編 567〕

□ 738
저러다<어>
ああする、あのようにする
関 이러다 662, 그러다 106

□ 739
적다^2
[적따]
記入する、書き記す
類 쓰다^1〔入門編 245〕
音 적다^1〔初級編 315〕

□ 740
전하다
伝える
漢 伝--

□ 741
젖다
[젇따]
濡れる、浸る、染まる

□ 742
조심하다
用心する、気を付ける
漢 操心--
関 불조심 火の用心, 조심스럽다 用心深い

□ 743
졸다
居眠りする
関 졸음 眠気

□ 744
주고받다
[주고받따]
やり取りする

Q 慣用句　韓国語では？　一年中

잡다/잡히다(つかむ/捕まれる)、줄다/줄이다(減る/減らす)など、初級で覚えた単語と関連づけて語彙を増やしていきましょう。

🎧 103

부장님한테 **잡혀서** 한잔했어요.	▸部長に捕まって一杯飲みました。
여긴 물고기가 많이 **잡히는** 곳이에요.	▸ここは魚がたくさん獲れるところです。
계획이 **잡히는** 대로 연락한대요.	▸計画が決まり次第、連絡するそうです。
저 사람은 왜 **저래요**?	▸あの人はどうしてああなんですか?
왜 **저러는지** 이유를 알 수가 없다.	▸どうしてあのようにするのか、訳が分からない。
이 부분을 비교해서 **적었어요**.	▸この部分を比較して書きました。
성함과 메일 주소를 **적어** 주세요.	▸お名前とメールアドレスを書いてください。
주변 분에게도 잘 **전해** 주십시오.	▸周りの方にもよろしく伝えてください。
조사해서 결과를 **전하도록** 할게요.	▸調査して、結果を伝えるようにします。
비를 맞아서 옷이 다 **젖었다**.	▸雨に降られて、服がずぶ濡れになった。
기쁨에 **젖어서** 현실을 잊고 있었다.	▸喜びに浸って現実を忘れていた。
조심해서 나쁠 건 없죠.	▸用心して悪いことはないですよ。
아무리 **조심해도** 실수할 때가 있어요.	▸いくら気を付けても、ミスする時があります。
회화 수업 중에는 **졸** 틈이 없다.	▸会話の授業中は、居眠りする暇がない。
전철에서 **조는** 사람을 흔히 본다.	▸電車で居眠りする人をよく見かける。
몇 번 선물을 **주고받은** 적이 있다.	▸何度かプレゼントを交わしたことがある。
그냥 메일을 **주고받았을** 뿐인데요.	▸ただメールのやり取りをしただけなんですが。

A 慣用句 こたえ 일 년 열두 달

動詞 10

047

□ 745
죽이다
殺す
関 죽다〔初級編 571〕
対 살리다 553

□ 746
줄다
減る、少なくなる、縮む
類 줄어들다 縮む
対 늘다〔初級編 168〕

□ 747
줄이다
① **減らす** ② **縮める**、詰める
対 늘이다 増やす 関 속도를 줄이다 スピードを落とす, 불을 줄이다 火を弱める

□ 748
쥐다
握る、つかむ
慣 손에 쥐다 手に入れる

□ 749
즐기다
① **楽しむ** ② **好む**
※②は主に「즐겨+動詞」の形で使われます。

□ 750
지나치다
通り過ぎる、見逃す
※形容詞でも使われます。

□ 751
지다[2]
背負う、(責任を)負う
音 지다[1]〔初級編 573〕, 지다[3] 752

□ 752
지다[3]
① **散る**、落ちる ② **沈む**、暮れる
音 지다[1]〔初級編 573〕, 지다[2] 751

47日目 047
チェック!
答えは右ページ下

□ 捕まる	□ 濡れる	□ 殺す	□ 楽しむ
□ ああする	□ 用心する	□ 減る	□ 通り過ぎる
□ 記入する	□ 居眠りする	□ 減らす	□ 背負う
□ 伝える	□ やり取りする	□ 握る	□ 散る

벌레도 못 **죽이는** 친구라고요. ▸ 虫も殺せない人なんですよ。
숨을 **죽이고** 그 순간을 기다렸다. ▸ 息を殺してその瞬間を待った。

작년에 비해 수입이 많이 **줄었다**. ▸ 昨年に比べて収入がかなり減った。
놀러 가는 횟수가 **준** 것 같다. ▸ 遊びに行く回数が減ったようだ。

외식 횟수를 좀 **줄이려고요**. ▸ 外食の回数を少し減らそうと思って。
속도를 좀 **줄여야** 돼요. ▸ スピードを少し落とさないといけません。
바지 길이가 길어서 **줄여서** 입었다. ▸ ズボンの丈が長いので、詰めて着た。

어린애가 과자를 **쥐고** 놓지 않았다. ▸ 幼い子がお菓子を握って離さなかった。
손에 **쥔** 건 절대 놓치지 않아요. ▸ 手に入れたものは、絶対に手放しません。

혼자라도 충분히 **즐길** 수 있어요. ▸ 一人でも十分楽しめますよ。
요새는 이 노래를 **즐겨** 들어요. ▸ 最近はこの歌をよく聞いています。

내릴 역을 깜빡 **지나쳐** 버렸다. ▸ 降りる駅をうっかり通り過ぎてしまった。
이 문제는 그냥 **지나칠** 수 없다. ▸ この問題は、このまま見逃すわけにはいかない。

무거운 짐을 **지고** 산을 올랐다. ▸ 重い荷物を背負って山を登った。
회사에서 모든 책임을 **진다고** 한다. ▸ 会社がすべての責任を負うという。

일주일 뒤라면 벚꽃이 **질** 거예요. ▸ 1週間後なら、桜が散るでしょう。
지는 해를 바라보며 한참 서 있었다. ▸ 沈む夕日を眺めながら、しばらく立っていた。

47日目 047
チェック!
答えは左ページ下

□ 잡히다	□ 젓다	□ 죽이다	□ 즐기다
□ 저러다	□ 조심하다	□ 줄다	□ 지나치다
□ 적다	□ 졸다	□ 줄이다	□ 지다
□ 전하다	□ 주고받다	□ 쥐다	□ 지다

48日目 動詞 11

048

□ 753
지우다
消す、無くす、落とす
関 지우개 消しゴム

□ 754
지치다
疲れる、くたびれる
類 피곤하다〔初級編 321〕

□ 755
지켜보다
見守る

□ 756
집다
[집따]
つまむ、つまみ上げる、はさむ
関 집어 먹다 つまんで食べる、つまみ食いをする

□ 757
찍다^{3}
[찍따]
(醤油などを)**つける**
音 찍다^{1}〔入門編 159〕, 찍다^{2}〔初級編 576〕

□ 758
차다^{2}
① **蹴る**　② (人を)**振る**、拒む
慣 혀를 차다 舌打ちをする
音 차다^{1}〔入門編 486〕

□ 759
참다
[참따]
我慢する、こらえる
類 견디다 102

□ 760
채우다
満たす、補う

Q 慣用句　韓国語では？　久しぶりだ

語幹末に르があるのに으変則用言に属するものには、ハン検3級レベルでは치르다のほか、따르다(従う)、들르다(寄る)があります。

104

잘못 써서 지우개로 **지웠다**.
옷에 커피를 쏟았는데 **지울** 수 있죠?

▸ 間違って書いたので、消しゴムで消した。
▸ 服にコーヒーをこぼしたのですが、落とせますよね?

지친 몸으로 전철을 탔다.
기다리다가 **지쳐서** 잠이 든 모양이다.

▸ 疲れた体で電車に乗った。
▸ 待っていたが、疲れて寝入ったようだ。

그냥 **지켜보고** 있었을 뿐이다.
작업장에서 **지켜봤는데** 문제없었다.

▸ ただ見守っていただけだ。
▸ 作業場で見ていたけれど、問題はなかった。

손으로 **집어** 먹으면 안 돼요.
발가락으로 수건을 **집는** 운동이래요.

▸ 手でつまんで食べたら駄目ですよ。
▸ 足の指でタオルをつまみ上げる運動だそうです。

간장에 **찍어서** 드세요.
삼겹살은 참기름장에 **찍어** 먹어요.

▸ 醤油につけてお召し上がりください。
▸ サムギョプサルは、ゴマ油塩につけて食べます。

공원에서 공을 **차고** 놀았는데요.
좋은 사람을 **차** 버렸대요.

▸ 公園でボールを蹴って遊んだんですが。
▸ いい人を振ってしまったそうです。

불만이 있으면 **참지** 말고 말해요.
저라고 항상 **참을** 수만은 없잖아요.

▸ 不満があれば我慢しないで話してね。
▸ 私だって常に我慢するわけにはいかないでしょう?

과자로 배를 **채우면** 밥을 못 먹는다.

▸ お菓子でお腹を満たすと、ご飯が食べられない。

차에 기름을 가득 **채워** 주세요.
부족한 부분은 점차 **채워** 나갈게요.

▸ 車にガソリンを満タンにしてください。
▸ 足りない部分は徐々に補っていきます。

A 慣用句 こたえ

얼마 만이다

얼마 만인가요?のように疑問文で使われます。

動詞11

048

□761
챙기다
①**揃える**、取りまとめる　②**準備する**、用意する
関 이익을 챙기다 利益を取る

□762
취하다
酔う
漢 酔--

□763
치다[2]
①(線を)**引く**　②(試験を)**受ける**
音 치다[1]〔初級編581〕

□764
치르다<으>
①**支払う**　②**執り行う**

□765
칠하다
(色を)**塗る**
漢 漆--
類 바르다 448

□766
키우다
育てる、飼う、大きくする
類 기르다 109

□767
타다[2]
①**焼ける**、燃える　②**焦げる**
③(気が)**焦る**、いらいらする
慣 속이 타다 胸が焦がれる、気が気でない
音 타다[1]〔入門編326〕

□768
태어나다
★ 태여나다
生まれる
関 다시 태어나다 生まれ変わる

48日目 048
チェック!
答えは右ページ下

□ 消す	□ つける	□ 揃える	□ 色を塗る
□ 疲れる	□ 蹴る	□ 酔う	□ 育てる
□ 見守る	□ 我慢する	□ 線を引く	□ 焼ける
□ つまむ	□ 満たす	□ 支払う	□ 生まれる

짐은 다 **챙겼나요**?	▸ 荷物は全部まとめましたか？
밥을 잘 **챙겨** 먹으라고 했다.	▸ ご飯をちゃんと用意して食べなさいと言った。
술에 **취해서** 집에 못 갈 뻔했다.	▸ 酒に酔って家に帰れないところだった。
음악에 **취해서** 몸을 흔들며 놀았다.	▸ 音楽に酔いしれ、体を揺らして遊んだ。
중요 문법이니 밑줄을 **치라고** 했다.	▸ 重要な文法だから下線を引けと言った。
모레 영어 시험을 **치러** 간대요.	▸ あさって、英語の試験を受けに行くそうです。
식사하고 카드로 밥값을 **치렀다**.	▸ 食事をしてカードで食事代を払った。
행사를 **치르기까지** 여러 일이 있었다.	▸ 行事を行うまでに、いろんなことがあった。
연필로 그린 뒤 색을 **칠했을** 뿐이에요.	▸ 鉛筆で描いた後に色を塗っただけです。
무슨 색으로 **칠할지** 생각해 봐요.	▸ 何色に塗るか考えてみてください。
아이를 **키우다** 보니 생각이 달라졌다.	▸ 子どもを育てているうちに考えが変わった。
막내가 강아지를 **키우고** 싶대요.	▸ 末っ子が子犬を飼いたいそうです。
산불로 나무들이 다 **타** 버렸다.	▸ 山火事で木々が全部焼けてしまった。
생선 **타는** 냄새가 나는데?	▸ 魚の焦げる匂いがするんだけど？
큰아들 때문에 속이 **타서** 죽겠어요.	▸ 長男のことで気が気でたまりません。
오사카에서 **태어나서** 자랐다.	▸ 大阪で生まれ育った。
다시 **태어난다면** 과학자가 되고 싶다.	▸ 生まれ変わったら科学者になりたい。

48日目 🎧 048
チェック!
答えは左ページ下

- ☐ 지우다
- ☐ 지치다
- ☐ 지켜보다
- ☐ 집다
- ☐ 찍다
- ☐ 차다
- ☐ 참다
- ☐ 채우다
- ☐ 챙기다
- ☐ 취하다
- ☐ 치다
- ☐ 치르다
- ☐ 칠하다
- ☐ 키우다
- ☐ 타다
- ☐ 태어나다

49日目 動詞12

049

□ 769
태우다
(車に)**乗せる**
※「物を載せる」の場合は싣다 643が使われます。
音 태우다 焼く、燃やす

□ 770
터지다
① **突然起こる**
② (感情・笑いなどが)**どっと出る**

□ 771
파다
① **掘る**　② **彫る**
③ **掘り下げる**、打ち込む

□ 772
팔리다
売れる
関 팔다〔入門編 248〕

□ 773
퍼지다
広がる

□ 774
펼치다
広げる
関 책을 펼치다 本を広げる

□ 775
풀리다
① **ほどける**、外す　② **解ける**　③ **和らぐ**
関 풀다〔初級編 585〕, 일이 잘 풀리다 仕事がうまくいく, 날씨가 풀리다 (天気が)暖かくなる

□ 776
피하다
避ける
漢 避 - -

Q 慣用句　韓国語では？　くどくど言うことはない

いよいよ次は最後の週です。「初中級編」をマスターして、「中級編」に進みましょう。파이팅!

105

역까지 **태워다** 줄 수 있어요?	▸駅まで乗せてくれますか?
차를 **태워** 줄 만큼 친하지 않아요.	▸車に乗せてあげるほど親しくありません。
큰 사건이 **터진** 것 같다.	▸大きな事件が起こったようだ。
그간 참았던 울음이 **터져** 버렸다.	▸これまで我慢していた涙がどっと出てしまった。
개가 또 땅을 **파** 놓았네요.	▸犬がまた地面を掘りましたね。
도장 **파는** 사람은 찾기 힘들어요.	▸ハンコを彫る人は、見つけにくいです。
뭐든 깊게 **파고** 들어가면 재미있죠.	▸何でも深く掘り下げると面白いですよ。
요새 잘 **팔리는** 인기 상품이래요.	▸最近よく売れている人気商品だそうです。
신제품이 제법 **팔린** 모양이에요.	▸新製品が結構売れたようです。
종이에 잉크가 **퍼졌다**.	▸紙にインクが広がった。
소문이 **퍼질** 만큼 **퍼져서** 어쩔 수 없다.	▸うわさが広がるだけ広まってしまい、どうしようもない。
세계지도를 **펼치고** 설명해 줬어요.	▸世界地図を広げて説明してあげました。
꿈을 **펼칠** 수 있도록 도와주세요.	▸夢を広げられるように助けてください。
스카프가 **풀려서** 다시 맸다.	▸スカーフがほどけて結び直した。
일이 잘 **풀렸나** 봐요.	▸仕事がうまくいったようです。
어제보다 추위가 많이 **풀렸네요**.	▸昨日より寒さがだいぶ和らぎましたね。
피할 수 있다면 **피하고** 싶다.	▸避けられるなら避けたい。
피하지 않고 싸워 보기로 했다.	▸避けずに戦ってみることにした。

A 慣用句 こたえ

여러 말 할 것 없다

긴말할 것 없다(868)も同じ意味です。

動詞12

049

□ 777
합치다
合わせる
漢 合--
関 하나로 합치다 一つにまとめる

□ 778
해내다
やり遂げる

□ 779
향하다
向かう、向く
漢 向--

□ 780
헤어지다
★ 헤여지다
別れる、離れる

□ 781
흔들다
振る、揺らす、揺さぶる
関 흔들리다 782

□ 782
흔들리다
揺れる、ぐらつく
関 흔들다 781

□ 783
흘리다
① **流す**、こぼす
② (不注意で)**落とす**、紛失する

□ 784
힘쓰다
① **力をつくす**、精を出す
② **助ける**、手助けする

49日目 049
チェック!
答えは右ページ下

□ 車に乗せる	□ 広がる	□ 合わせる	□ 振る
□ 突然起こる	□ 広げる	□ やり遂げる	□ 揺れる
□ 掘る	□ ほどける	□ 向かう	□ 流す
□ 売れる	□ 避ける	□ 別れる	□ 力をつくす

힘을 **합쳐서** 잘해 봅시다.
두 학급을 하나로 **합치게** 됐다.

▸ 力を合わせて頑張ってみましょう。
▸ 2つのクラスを一つにまとめることになった。

혼자서 **해내기에는** 힘든 일이었다.
맡은 일을 훌륭히 **해낼** 수 있었다.

▸ 一人でやり遂げるには大変な仕事だった。
▸ 任された仕事を見事にやり遂げることができた。

바닷가로 **향하는** 길에 카페가 있다.
팬을 **향해** 힘껏 손을 흔들었다.

▸ 海辺に向かう途中にカフェがある。
▸ ファンに向かって、力いっぱい手を振った。

역 앞에서 **헤어진** 게 엊그제 같다.
이제 **헤어질** 시간입니다.

▸ 駅の前で別れたのが昨日のことのようだ。
▸ もうお別れの時間です。

손을 **흔들며** 반갑게 인사했다.
그는 내 마음을 **흔들어** 놓고 떠났다.

▸ 手を振ってうれしそうにあいさつした。
▸ その人は、私の心を揺さぶって立ち去った。

흔들리는 불빛 아래서 헤어졌다.
잠시 마음이 **흔들렸을** 뿐이다.

▸ 揺れる明かりの下で別れた。
▸ しばらく心が揺れただけだ。

엄마는 소식을 듣고 눈물을 **흘렸다**.
지갑을 어디서 **흘린** 것 같아요.

▸ 母は知らせを聞いて涙を流した。
▸ 財布をどこかで落としたようだ。

그간 경영에 **힘쓴** 결과가 나왔다.
회장님이 **힘써** 주셔서 해결됐어요.

▸ その間経営に精を出した結果が出た。
▸ 会長のお力添えをいただき、解決できました。

49日目 049
チェック!
答えは左ページ下

□ 태우다	□ 퍼지다	□ 합치다	□ 흔들다
□ 터지다	□ 펼치다	□ 해내다	□ 흔들리다
□ 파다	□ 풀리다	□ 향하다	□ 흘리다
□ 팔리다	□ 피하다	□ 헤어지다	□ 힘쓰다

7週目 力試しドリル

問題1～7：（　　　）の中に入れるのに適切なものを、①～④の中から1つ選んでください。
問題8～9：問題文の意味を変えずに、下線部の言葉と置き換えが可能なものを、①～④の中から1つ選んでください。

1. 전에 태풍이 왔을 때 (　　　)가/이 나간 적이 있어요.

①전기　②수도　③가스　④전화

2. 스마트폰을 보다가 내릴 역을 (　　　) 버렸다.

①뛰어가　②내려와　③움직여　④지나쳐

3. 여동생이 요가에 재미를 (　　　) 모양이에요.

①난　②본　③붙인　④가진

4. 그러면 컴퓨터 전원을 (　　　) 다시 켜 보세요.

①풀었다가　②잠갔다가　③껐다가　④넣었다가

5. 영화관에서 앞자리를 발로 (　　　) 안 됩니다.

①파면　②추면　③치면　④차면

6. 쓰러졌다가 (   )가/이 든 곳이 어디인지 기억이 나요?

①머리 ②햇빛 ③도둑 ④정신

7. A : 긴장될 때는 숨을 깊게 쉬어 보세요.

B : 네. 그렇게 하니까 긴장이 점점 (   ).

①흘리네요 ②풀리네요 ③퍼지네요 ④터지네요

8. 이 수첩에다가 연락처를 적어 주셨으면 합니다.

①잡혀 ②주고받아 ③써 ④알려

9. 담임 선생님은 취미로 마당에서 꽃을 키우고 있대요.

①채우고 ②지우고 ③기르고 ④줄이고

解答・解説

1. ①

【日本語訳】以前台風が来たとき(停電)したことがあります。

①電気　②水道　③ガス　④電話

Point 전기가 나가다で「停電する」。

2. ④

【日本語訳】スマートフォンを見ていて、降りる駅を(通り過ぎて)しまった。

①走っていって　②下りてきて　③動いて　④通り過ぎて

3. ③

【日本語訳】妹がヨガに興味を(持った)ようです。

①出た　②見た　③持った　④持った

Point 재미를 붙이다で「興味を持つ」。재미를 가지다とは言えません。

4. ③

【日本語訳】それでは、パソコンの電源を(切ってから)入れ直してみてください。

①解いてから　②かけてから　③切ってから(辞書形は끄다)　④入れてから

Point 전원을 켜다/끄다で「電源を入れる/切る」。

5. ④

【日本語訳】映画館で、前の座席を足で(蹴っては)いけません。

①掘っては　②踊っては　③打っては　④蹴っては

6. ④

【日本語訳】倒れた後、(意識)を取り戻した場所がどこなのか覚えていますか?

①頭　②日差し　③泥棒　④意識

Point 정신이 들다で「意識を取り戻す/気がつく」。

7. ②

【日本語訳】A:緊張したときは深く息を吸ってみてください。B:はい、そうすると緊張がだんだん(ほぐれますね)。

①流れますね　②ほぐれますね　③広がりますね　④突然起こりますね

Point 긴장이 풀리다で「緊張がほぐれる」。

8. ③

【日本語訳】この手帳に連絡先を記入していただけますか?

①捕まって　②やり取りして　③書いて(辞書形は쓰다)　④教えて

9. ③

【日本語訳】担任の先生は趣味で、庭で花を育てているそうです。

①満たして　②消して　③育てて　④減らして

Point 기르다と키우다は、人、家畜、植物などの成長を促す場合に共通して使われます。

キクタン韓国語

8週目

✓学習したらチェック!

- ■ 50日目 名詞26
- ■ 51日目 名詞27
- ■ 52日目 名詞28
- ■ 53日目 名詞29
- ■ 54日目 名詞30
- ■ 55日目 慣用句1
- ■ 56日目 慣用句2
- ■ 8週目 力試しドリル

출근하기 전에 30분쯤 운동을 한다.

(例文の意味は807参照)

050

□ 785 **직접** [직쩝]	**直接**、(副詞的に)直接、じかに 漢 直接 対 간접 間接
□ 786 **진실**	**真実** 漢 真実　形 진실하다 真実だ、真面目だ 副 진실로 真実に、まことに　対 거짓 嘘
□ 787 **짐**	① **荷物**　② **負担** ※지다[2] (背負う)の名詞形。 関 짐을 싸다 荷造りをする
□ 788 **집안**	**身内**、一族、家 関 집안일 [지반닐] 家事, 집안이 어렵다 家計が厳しい
□ 789 **짝**	① (一対のものの)**片方**　② **ペア** 関 짝을 맞추다 ペアにする, 짝이 안 맞다 対がそろっていない, 짝사랑 片思い
□ 790 **차비**	**交通費**、電車賃、バス代、車代 漢 車費 類 교통비 交通費
□ 791 **참석**	**出席**、列席 漢 参席　類 출석 808, 참가 参加 関 참석자 出席者
□ 792 **책임**	**責任** 漢 責任　対 무책임 無責任 関 책임자 責任者, 책임감 責任感

Q 慣用句　韓国語では？　口をふさぐ、口止めする、口を封じる

집안일(家事)は、일のところにㄴが挿入され[지반닐]と発音します。なお、집안일の漢字語は가사で、話し言葉では가사일がよく使われます。

106

사고의 **직접** 원인이 뭔지 모르겠다. ▸ 事故の直接の原因が何なのか分からない。
직접 만든 귀걸이를 선물했다. ▸ 手作りのイヤリングをプレゼントした。

거짓은 **진실**을 이길 수 없다. ▸ 嘘は真実に打ち勝つことはできない。
진실한 태도가 내 마음을 움직였다. ▸ 真面目な態度が私の心を動かした。

무거운 **짐**은 호텔에 맡겼다. ▸ 重い荷物はホテルに預けた。
가족에게 **짐**이 되고 싶지 않았다. ▸ 家族の負担になりたくなかった。

공무원 **집안**의 큰딸로 태어났다. ▸ 公務員一家の長女として生まれた。
중학교 때는 **집안**이 어려웠대요. ▸ 中学校の時は家計が厳しかったそうです。
집안에 일이 있어서 못 가게 됐어요. ▸ 家に用事があって行けなくなりました。

양말 한 **짝**이 없어졌다. ▸ 靴下の片方がなくなった。
두 명이 **짝**이 돼서 회화 연습을 했다. ▸ 2人がペアになって、会話の練習をした。

이 알바는 **차비**를 주나요? ▸ このバイトは交通費をくれるんですか?
고모가 **차비** 하라고 돈을 주셨다. ▸ おばさんが車代にと、お金をくれた。

회의 **참석**을 위해 비행기를 예매했다. ▸ 会議に出席するために飛行機を予約した。
모임에 **참석**해 주셔서 감사합니다. ▸ 会合に出席してくださって、ありがとうございます。

자신의 말과 행동에 **책임**을 져야죠. ▸ 自分の言動に責任を取らないと。
책임자가 무**책임**하게 도망가 버렸다. ▸ 責任者が無責任に逃げてしまった。

A 慣用句 こたえ　입을 막다 (430)

名詞26

050

□ 793
처리
処理、片付けること
漢 処理
動 처리하다, 처리되다

□ 794
처지
立場、状態
漢 処地

□ 795
첫날
[천날]
初日
関 첫(+名詞) 初めての、最初の

□ 796
첫째
[철째]
一番目、第一
関 둘째 二番目、第二, 셋째 三番目、第三

□ 797
청년
青年、若者
漢 青年　対 노인 老人、年寄り
関 청소년 青少年、若者

□ 798
청소
清掃、掃除
漢 清掃　動 청소하다
関 청소기 掃除機

□ 799
체육
体育、スポーツ
漢 体育
関 체육관 体育館

□ 800
초록
緑
漢 草緑
関 초록색/초록빛 緑色

50日目　050
チェック!
答えは右ページ下

□ 直接	□ 片方	□ 処理	□ 青年
□ 真実	□ 交通費	□ 立場	□ 清掃
□ 荷物	□ 出席	□ 初日	□ 体育
□ 身内	□ 責任	□ 一番目	□ 緑

일 **처리**가 아주 빠르다고 해요.	▸ 仕事の処理がとても早いそうです。
비용은 어떻게 **처리**하면 될까요?	▸ 費用はどのように処理すればいいですか?
상대방의 **처지**도 생각해 주세요.	▸ 相手の立場も考えてください。
지금 그런 말을 할 **처지**가 아니에요.	▸ 今そんなことを言える立場ではありません。
연휴 **첫날**부터 길이 막혔다.	▸ 連休の初日から道が渋滞していた。
이사 온 **첫날** 이웃집에 인사를 갔다.	▸ 引っ越してきた初日に、隣の家に挨拶に行った。
나는 **첫째**가 딸이면 좋겠어요.	▸ 私は最初の子が娘だったらいいな。
첫째 주 수요일은 쉬는 날이에요.	▸ 第1水曜日は休みです。
청년과 노인을 위한 프로그램이에요.	▸ 青年と老人のためのプログラムです。
20대 **청년**들에게 인기 있는 게임이래요.	▸ 20代の若者たちに人気のゲームだそうです。
빨래나 **청소** 같은 집안일이 힘들어요.	▸ 洗濯や掃除といった家事は大変です。
청소기를 돌리고 화장실도 **청소**했다.	▸ 掃除機をかけてからトイレも掃除した。
체육 시간에 수영을 배운 적이 있다.	▸ 体育の時間に水泳を習ったことがある。
체육관에서 농구라도 할래요?	▸ 体育館でバスケットボールでもしますか?
초록 티셔츠가 잘 어울리는군요.	▸ 緑のTシャツがよくお似合いですね。
초록빛 가득한 5월을 제일 좋아한다.	▸ 緑色に満ちた5月が一番好きだ。

50日目 050
チェック!
答えは左ページ下

□ 직접	□ 짝	□ 처리	□ 청년
□ 진실	□ 차비	□ 처지	□ 청소
□ 짐	□ 참석	□ 첫날	□ 체육
□ 집안	□ 책임	□ 첫째	□ 초록

51日目 名詞27

051

□ 801
초밥
すし
漢 醋-
関 유부초밥 いなりずし

□ 802
최고
最高
漢 最高
対 최저 最低

□ 803
최대
最大
漢 最大
対 최소 最小

□ 804
최악
最悪
漢 最悪
対 최선 最善

□ 805
최후
最後、最期
漢 最後　類 마지막〔初級編 116〕
対 최초 最初

□ 806
축제
[축쩨]
祝祭、祭り
漢 祝祭

□ 807
출근
出勤
漢 出勤　動 출근하다　対 퇴근 824
関 출근길 出勤途中

□ 808
출석
[출썩]
出席
漢 出席　動 출석하다　対 결석 019　類 참석 791
関 출석을 부르다 出席を取る, 출석부 出席簿

Q 慣用句　韓国語では？　(話そうとして)口を開く、口を割る

크기(大きさ)の기は、名詞を作る語尾です。달리기(かけっこ)や읽기(リーディング)、말하기(スピーキング)、쓰기(ライティング)などもよく使われます。

107

오랜만에 **초밥**이나 먹을까요? ▸ 久しぶりにおすしでも食べましょうか?
가끔 유부**초밥**을 만들어 먹기도 한다. ▸ たまにいなりずしを作って食べたりもする。

내일 **최고** 기온이 38 도라고 합니다. ▸ 明日の最高気温は38度だそうです。
각 분야의 **최고** 전문가를 모셔 왔어요. ▸ 各分野の最高の専門家をお招きしました。

의자 높이를 **최대**로 높여서 앉았다. ▸ 椅子の高さを最大にして座った。
최대 4 명까지 예약 가능하답니다. ▸ 最大4名まで予約可能だそうです。

최악의 경우를 생각해서 준비해 두자. ▸ 最悪の場合を考えて準備しておこう。
최고의 나도 **최악**의 나도 인정해야죠. ▸ 最高の私も最悪の私も、認めないと。

최후의 순간까지 최선을 다했다. ▸ 最後の瞬間まで最善を尽くした。
영화 속 주인공은 결국 **최후**를 맞았다. ▸ 映画の中の主人公は結局最期を迎えた。

대학 **축제**에 참가한 적이 몇 번 있다. ▸ 大学祭に参加したことが何度かある。
축제 때 유명한 가수가 오면 좋겠다. ▸ お祭りの時に有名な歌手が来てほしい。

회사가 가까워져서 **출근**이 편해졌다. ▸ 会社が近くなって出勤が楽になった。
출근하기 전에 30 분쯤 운동을 한다. ▸ 出勤する前に30分ぐらい運動をする。

출석을 부를 때 '네'라고 대답하세요. ▸ 出席を取る時は「はい」と答えてください。
전체 회의에 **출석**하게 됐어요. ▸ 全体会議に出席することになりました。

A 慣用句 こたえ 입을 열다

名詞27

🎧 051

□ 809
춤
踊り、ダンス
※춤을 추다/춤추다で「踊る」。
類 댄스 ダンス

□ 810
충격
衝撃
漢 衝撃
関 충격적 衝撃的

□ 811
충전
充電
漢 充電　動 충전하다
関 충전기 充電器

□ 812
취소
取り消し、キャンセル
漢 取消
動 취소하다, 취소되다

□ 813
치료
治療
漢 治療　動 치료하다, 치료되다
関 치료비 治療費

□ 814
친척
親戚、身内、親類
漢 親戚

□ 815
침대
ベッド、寝台
漢 寝台
関 침대열차 寝台列車

□ 816
크기
大きさ、サイズ
※크다(大きい)の名詞形。

242 ▸ 243

51日目 🎧 051
チェック!
答えは右ページ下

□ すし	□ 最後	□ 踊り	□ 治療
□ 最高	□ 祝祭	□ 衝撃	□ 親戚
□ 最大	□ 出勤	□ 充電	□ ベッド
□ 最悪	□ 出席	□ 取り消し	□ 大きさ

같이 **춤**을 추면서 노래를 불렀어요.
▸ 一緒に踊りながら歌を歌いました。

춤을 잘 추는 친구가 부러워요.
▸ ダンスが上手な友達がうらやましいです。

시험에 떨어져서 **충격**을 받았다고 한다.
▸ 試験に落ちて衝撃を受けたという。

회의 중에 **충격**적인 소식이 전해졌다.
▸ 会議中に衝撃的なニュースが伝えられた。

스마트폰 **충전**을 깜빡했네.
▸ スマホの充電をうっかりしてたな。

친구의 **충전**기를 빌려서 **충전**했다.
▸ 友達の充電器を借りて充電した。

예약 **취소**가 안 된다고 합니다.
▸ 予約のキャンセルができないそうです。

그럼 **취소**하지 말고 그냥 가요.
▸ じゃあ、キャンセルしないでそのまま行きましょう。

치료를 받기 위해 입원한대요.
▸ 治療を受けるために入院するそうです。

잘 **치료**하면 금방 나을 거예요.
▸ ちゃんと治療すれば、すぐ治ると思います。

친척 어른들한테 세뱃돈을 받았다.
▸ 親戚の大人たちからお年玉をもらった。

친척들 앞에서 얼굴을 못 들겠다.
▸ 親戚の前で顔を上げられない。

침대에 눕자마자 잠들어 버렸다.
▸ ベッドに横になるとすぐに寝てしまった。

침대열차를 타고 여행하는 꿈을 꿨다.
▸ 寝台列車に乗って旅行する夢を見た。

상자 **크기**가 있어서 무거울 겁니다.
▸ 箱の大きさがあるから、重いと思います。

크기가 맞는지 옷을 한번 대보세요.
▸ サイズが合うか服を一度当ててみてください。

51日目 051
チェック!
答えは左ページ下

□ 초밥	□ 최후	□ 춤	□ 치료
□ 최고	□ 축제	□ 충격	□ 친척
□ 최대	□ 출근	□ 충전	□ 침대
□ 최악	□ 출석	□ 취소	□ 크기

1週目
2週目
3週目
4週目
5週目
6週目
7週目
8週目

名詞28

□817
큰딸
長女
同 장녀
対 장남 704, 큰아들 長男

□818
큰아버지
父の長兄、おじ
類 큰아빠
対 큰어머니 / 큰엄마 おば(큰아버지の妻)

□819
큰일
重大なこと、大事、大変なこと
関 큰일이 나다 大変なことになる、大変だ

□820
태도
態度、様子、身構え
漢 態度

□821
태풍
台風
漢 台風

□822
통역
通訳
漢 通訳　動 통역하다
関 통역사 通訳者

□823
통화
通話
漢 通話　動 통화하다
関 길게 통화하다 長電話する, 통화 중 通話中

□824
퇴근
退勤、退社
漢 退勤　動 퇴근하다
対 출근 807　関 퇴근길 仕事帰り

Q 慣用句　韓国語では？　大口を叩く

큰일이 나다/큰일나다(大変なことになる/大変だ)や특징짓다(特徴づける)、표정을 짓다(表情をする)などの連語もしっかりと覚えておきましょう。

108

옆집 **큰딸**과 큰아들은 독립했대요.	▸ お隣の長女と長男は独立したんですって。
고모 **큰딸**은 보통이 아니에요.	▸ おばさんの長女は、ただものではありません。
큰아버지 집에서 친척 모임이 있어요.	▸ おじの家で親戚の集まりがあります。
큰아버지가 가정적인 분이거든요.	▸ おじさんは家庭的な方なんです。
또 시험에 떨어지면 **큰일**인데요.	▸ また試験に落ちたら大変ですよ。
이번에 진짜 **큰일** 날 뻔했어요.	▸ 今回は、本当に大変なことになるところでした。
솔직한 **태도**가 마음에 들었다.	▸ 率直な態度が気に入った。
큰아들의 **태도**가 이상해서 물어봤다.	▸ 長男の様子がおかしいので聞いてみた。
태풍도 거의 다 지나간 모양이다.	▸ 台風もほとんど過ぎ去ったようだ。
태풍 때문에 밤새 한숨도 못 잤다.	▸ 台風のせいで、一晩中一睡もできなかった。
통역 프로그램이 새로 나왔대요.	▸ 通訳プログラムが新しく出たそうです。
전공을 살려서 **통역** 일을 할까 해요.	▸ 専攻を生かして、通訳の仕事をしようかと思います。
전화 **통화**말고 만나서 이야기하자.	▸ 電話ではなく、会って話そう。
길게 **통화**하다가 음식이 식어 버렸다.	▸ 長電話していて、食べ物が冷めてしまった。
퇴근 시간은 정해져 있지 않아요.	▸ 退勤時間は決まっていません。
퇴근하려고 하는데 전화가 왔다.	▸ 退勤しようした時に電話があった。

A 慣用句 こたえ 　큰소리를 치다

名詞28

□ 825
특징
[특찡]

特徴
漢 特徴
関 특징짓다 特徴づける

□ 826
판단

判断
漢 判断　動 판단하다, 판단되다
関 판단력[판단녁] 判断力

□ 827
판매

販売
漢 販売
動 판매하다, 판매되다

□ 828
평가
[평까]

評価
漢 評価
動 평가하다 , 평가되다

□ 829
평일

平日
漢 平日

□ 830
평화

平和
漢 平和　形 평화롭다 平和だ
対 전쟁 戦争

□ 831
포기

放棄
漢 抛棄
動 포기하다 放棄する、諦める

□ 832
표정

表情、 顔つき
漢 表情
関 표정을 짓다 表情をする

52日目 052
チェック!
答えは右ページ下

□ 長女	□ 台風	□ 特徴	□ 平日
□ 父の長兄	□ 通訳	□ 判断	□ 平和
□ 重大なこと	□ 通話	□ 販売	□ 放棄
□ 態度	□ 退勤	□ 評価	□ 表情

제품이 부드럽고 가벼운 게 **특징**이다. ▸ 製品が柔らかくて軽いのが特徴だ。
이건 뭐라고 **특징**짓기가 어렵다. ▸ これは何とも特徴づけるのが難しい。

정확한 **판단**을 내리기가 쉽지 않다. ▸ 正確な判断を下すのは容易ではない。
당장 **판단**하지 말고 좀 기다려 보자. ▸ 今すぐ判断しないで、少し待ってみよう。

예약 **판매**라고 하는데 살 수 있을까? ▸ 予約販売だそうだけど、買えるかな?
올해 **판매**된 것만 해도 굉장할 거예요. ▸ 今年販売されたものだけでもすごいでしょう。

높은 **평가**를 받은 제품이라고 했다. ▸ 高い評価を得た製品だといった。
다들 실력이 좋아서 **평가**하기 어렵네. ▸ みんな実力があるから、評価するのが難しいね。

토요일도 **평일**과 다름없이 일했다. ▸ 土曜日も平日と変わらず働いた。
평일보다 주말에 약속을 잡는 편이다. ▸ 平日より週末に約束をするほうだ。

'전쟁과 **평화**' 라는 소설을 읽었다. ▸「戦争と平和」という小説を読んだ。
평화롭던 마을에 사건이 일어났다. ▸ 平和だった村に事件が起きた。

포기 의사가 있느냐고 물었다. ▸ 諦める意思があるのかと聞いた。
공무원 시험을 **포기**하고 취직한대요. ▸ 公務員試験を諦めて、就職するそうです。

무슨 일인지 **표정**이 좀 어둡네요. ▸ 何があったのか、表情が少し暗いですね。
표정이 풍부해서 배우 하면 딱이겠다. ▸ 表情が豊かなので、俳優になればぴったりだ。

52日目 052
チェック!
答えは左ページ下

□ 큰딸	□ 태풍	□ 특징	□ 평일
□ 큰아버지	□ 통역	□ 판단	□ 평화
□ 큰일	□ 통화	□ 판매	□ 포기
□ 태도	□ 퇴근	□ 평가	□ 표정

1週目
2週目
3週目
4週目
5週目
6週目
7週目
8週目

名詞29

□833 **표현**	**表現** 漢 表現 動 표현하다, 표현되다
□834 **피부**	**皮膚**、肌 漢 皮膚　関 피부색 肌色, 피부과 皮膚科 慣 피부로 느끼다 肌で感じる、経験する
□835 **피해**	**被害** 漢 被害 関 피해를 입다 被害を受ける、こうむる
□836 **학습** [학씁]	**学習** 漢 学習　動 학습하다, 학습되다 関 학습법 学習法, 학습서 学習書
□837 **한동안**	① **しばらくの間**、一時 ② (副詞的に) **しばらく** 類 한참 841, 한때 838
□838 **한때**	① **一時**(いっとき)、ひととき ② (副詞的に) **一時**、ひととき 類 한동안 837, 한참 841
□839 **한숨**	① **一息**　② **一休み**、ひと眠り　③ **ため息** 関 숨 461, 한숨을 짓다/한숨짓다 ため息をつく
□840 **한식** ★ 조선료리(朝鮮料理)	**韓国料理**、朝鮮料理 漢 韓食 関 일식 680, 중식 中華料理, 한식집 韓国料理店

Q 慣用句　韓国語では？　日が沈む、日が暮れる

韓国では한국요리より한식のほうがよく使われます。일식(日本料理)や중식(中華料理)も合わせて覚えて使ってみましょう。

109

배우라도 감정 **표현**은 힘들대요. 어떻게 **표현**하면 좋을지 모르겠어요.	▸俳優でも、感情表現は大変だそうです。 ▸どう表現すればいいのか分かりません。
피부과에 가 보는 건 어때요? 취직이 어렵다는 걸 **피부**로 느꼈어요.	▸皮膚科に行ってみるのはどうですか? ▸就職が難しいということを肌で感じました。
또 태풍 **피해**를 입었다고 한다. 더 이상의 **피해**자가 없길 바랄 뿐이다.	▸また台風の被害を受けたという。 ▸これ以上の被害者が出ないことを願うだけだ。
한국어 **학습**에 도움이 될 거예요. 동영상을 이용한 **학습**법도 괜찮아요.	▸韓国語の学習に役立つと思います。 ▸動画を利用した学習法もいいですよ。
한동안은 그냥 집에 있고 싶다. 일을 쉬고 **한동안** 이곳저곳 여행했다.	▸しばらくはただ家にいたい。 ▸仕事を休んで、しばらくあちこち旅行した。
이런 스타일도 **한때**의 유행이죠. **한때** 좋아했던 노래가 흘러나왔다.	▸こんなスタイルも一時の流行ですよ。 ▸一時好きだった歌が流れた。
저기서 **한숨** 돌리고 가요. 피곤해서 **한숨** 자고 할게요. **한숨**만 짓지 말고 말을 해 봐요.	▸あそこで一息入れてから行きましょう。 ▸疲れたので、ひと眠りしてからやります。 ▸ため息ばかりつかずに話してみて。
한식도 좋고 일식도 좋답니다. 새로 생긴 **한식**집을 예약할까요?	▸韓国料理もいいし、日本料理もいいそうです。 ▸新しくできた韓国料理店を予約しましょうか?

A 慣用句 こたえ　해가 지다, 해가 떨어지다

名詞29

053

□ 841
한참
① **しばらく**
② (副詞的に)**はるかに**、ずっと
類 한동안 837, 한때 838

□ 842
한편
① **一方**、片隅　② (副詞的に)**一方**
漢 -便

□ 843
해결
解決
漢 解決
動 해결하다, 해결되다

□ 844
햇빛
[핻삗]　★ 해빛
日の光、日差し
関 빛 342

□ 845
행동
行動
漢 行動
動 행동하다

□ 846
행복
幸福、幸せ
漢 幸福　形 행복하다 幸せだ
対 불행 不幸

□ 847
행사
行事、催し、イベント
漢 行事

□ 848
현금
現金
漢 現金

53日目　053
チェック!
答えは右ページ下

□ 表現	□ しばらくの間	□ しばらく	□ 行動
□ 皮膚	□ 一時	□ 一方	□ 幸福
□ 被害	□ 一息	□ 解決	□ 行事
□ 学習	□ 韓国料理	□ 日の光	□ 現金

한참을 기다린 뒤에야 만날 수 있었다.
▸ しばらく待った後にやっと会えた。

기말시험까지 아직 **한참** 남았는데요.
▸ 期末試験まで、まだずっと先なんですが。

마음 **한편**에 섭섭함이 남았어요.
▸ 心の片隅に寂しさが残りました。

한편으로는 걱정이 되기도 해요.
▸ 一方では心配にもなります。

문제 **해결** 능력을 기를 수 있어요.
▸ 問題解決能力を養うことができます。

어떻게든 혼자 **해결**해 보고 싶어요.
▸ どうにか一人で解決してみたいです。

창문으로 따뜻한 **햇빛**이 들어왔다.
▸ 窓から暖かい日差しが入ってきた。

햇빛이 강해서 양산을 써야 돼요.
▸ 日差しが強いので、日傘をささないといけません。

용기를 내서 **행동**에 나서기로 했다.
▸ 勇気を出して行動に出ることにした。

생각이 깊고 **행동**하는 게 어른 같다.
▸ 考えが深くて、行動するのが大人みたい。

행복이란 멀리 있는 게 아니에요.
▸ 幸せとは遠くにあるものではありません。

늘 건강하고 **행복**하시기 바랍니다.
▸ いつも元気で幸せになりますように。

주민을 위한 **행사**가 열린다고 한다.
▸ 住民のための行事が開かれるという。

행사장 주위에 사람들이 많이 모였다.
▸ イベント会場の周りに大勢の人が集まった。

현금이 부족해서 돈을 찾으려고요.
▸ 現金が足りないので、お金をおろそうと思って。

현금 없이 폰만 있으면 돼요.
▸ 現金なしで携帯さえあればいいです。

53日目 053
チェック!
答えは左ページ下

□ 표현	□ 한동안	□ 한참	□ 행동
□ 피부	□ 한때	□ 한편	□ 행복
□ 피해	□ 한숨	□ 해결	□ 행사
□ 학습	□ 한식	□ 햇빛	□ 현금

54日目 名詞30

054

□ 849
현실

現実
漢 現実　対 비현실 非現実
関 현실적 現実的

□ 850
현재

現在
漢 現在
対 과거 037, 미래 246

□ 851
화

怒り、憤り
関 화가 나다 腹が立つ, 화를 내다 腹を立てる、怒る

□ 852
화장

化粧
漢 化粧　動 화장하다
関 화장품 化粧品

□ 853
환경

環境
漢 環境

□ 854
환자

患者、病人
漢 患者

□ 855
환전

両替
漢 換銭
動 환전하다

□ 856
활동
[활똥]

活動
漢 活動　動 활동하다
関 활동가 活動家, 활동적 活動的

Q 慣用句　韓国語では？　日が昇る

「腹が立つ」は성질이 나다/화가 나다のほか、慣用句の열이 나다もあります。また「腹を立てる」は성질을 내다/화를 내다のほか、慣用句の열을 내다も覚えておきましょう。

🎧 110

현실이 너무 비현실적으로 느껴진다. ▸ 現実があまりにも非現実的に感じられる。
그건 현실적으로 불가능한 일이죠. ▸ それは現実的に不可能なことですよ。

현재 날씨를 알려 주는 앱도 있다. ▸ 現在の天気を教えてくれるアプリもある。
현재 하는 일에 만족하며 살고 있다. ▸ 現在の仕事に満足しながら生きている。

화가 나서 그만 한마디 해 버렸다. ▸ 腹が立ってつい一言言ってしまった。
함부로 말하지 말라고 화를 냈다. ▸ むやみに言うなと怒った。

집에 있을 땐 화장을 잘 안 해요. ▸ 家にいる時は化粧をあまりしません。
화장하면 완전히 다른 사람 같아요. ▸ 化粧すると完全に別人のようです。

주변 환경이 안 좋아서 이사했다. ▸ 周辺環境が悪くて引っ越した。
지구의 환경 문제에 대한 강연이었다. ▸ 地球の環境問題についての講演だった。

작년에 비해 감기 환자가 많답니다. ▸ 昨年に比べて風邪の患者が多いそうです。
환자가 늘어남에 따라 일도 많아졌다. ▸ 患者が増えるにつれ仕事も多くなった。

다름이 아니라 환전은 어디서 해요? ▸ ところで、両替はどこでしますか?
급하면 공항에서 환전해도 돼요. ▸ 急いでいるなら、空港で両替してもいいですよ。

대학 때 동아리 활동을 했나요? ▸ 大学の時にサークル活動をしましたか?
이 옷이 활동하기에 편해서 좋아요. ▸ この服が、活動するのに楽でいいです。

A 慣用句 こたえ 해가 뜨다 (426)

名詞30

🎧054

□ 857
회원
会員
[漢]会員
[関]회장 会長, 회원을 받다 会員を受け入れる

□ 858
효과
[효과/효꽈]
効果
[漢]効果　[関]효과적 効果的
[関]효과를 보다 効果を得る

□ 859
후반
後半
[漢]後半
[対]전반 前半

□ 860
후춧가루
[후춛까루]　★ 후추가루
こしょう、粉こしょう
[類]후추
[関]가루 粉

□ 861
휴일
休日、休み
[漢]休日

□ 862
휴지
ちり紙、ティッシュ、トイレットペーパー、紙くず
[漢]休紙　[関]휴지통 ゴミ箱、くずかご

□ 863
흥미
興味
[漢]興味
[関]흥미를 붙이다 興味を持つ

□ 864
희망
[히망]
希望、望み
[漢]希望
[動]희망하다

54日目　🎧054
チェック!
答えは右ページ下

□ 現実	□ 環境	□ 会員	□ 休日
□ 現在	□ 患者	□ 効果	□ ちり紙
□ 怒り	□ 両替	□ 後半	□ 興味
□ 化粧	□ 活動	□ こしょう	□ 希望

110

회원들이 직접 회장을 뽑을 거예요. 마라톤 모임에서 새 **회원**을 받는대요.	▸ 会員たちが直接会長を選ぶと思います。 ▸ マラソンの会で新会員を受け入れるそうです。
이게 치료 **효과**가 있는지요? 그다지 광고 **효과**를 못 봤다고 한다.	▸ これは治療効果があるのでしょうか？ ▸ あまり広告の効果を得られなかったという。
경기 **후반**에 선수를 바꾼 게 좋았다. 전반에 앞서다가 **후반**에 져서 아까워요.	▸ 試合の後半に選手を替えたのが良かった。 ▸ 前半にリードしていたが、後半に負けて惜しいです。
후춧가루를 넣으면 더 맛있어요. 마지막에 **후춧가루**를 뿌리면 좋아요.	▸ こしょうを入れるともっとおいしいです。 ▸ 最後にこしょうを振りかけるといいですよ。
휴일이 짧아서 그냥 집에 있었어요. 한 달 동안 **휴일**도 없이 일했대요.	▸ 休日が短くて、そのまま家にいました。 ▸ 1カ月間休みもなく働いたそうです。
오는 길에 **휴지** 좀 사다 주세요. **휴지**는 반드시 **휴지**통에 버리세요.	▸ 帰りにティッシュを買ってきてください。 ▸ 紙くずは必ずゴミ箱に捨ててください。
요리에는 **흥미**가 없는 것 같아요. 등산에 **흥미**를 붙인 모양이에요.	▸ 料理には興味がないようです。 ▸ 山登りに興味を持ったようです。
희망과 기쁨이 가득한 한 해가 되길. 원하면 **희망**하는 자리로 옮겨 준대요.	▸ 希望と喜びに満ちた1年になりますように。 ▸ 望めば、希望するポストに異動してくれるそうです。

54日目 054
チェック!
答えは左ページ下

□ 현실	□ 환경	□ 회원	□ 휴일
□ 현재	□ 환자	□ 효과	□ 휴지
□ 화	□ 환전	□ 후반	□ 흥미
□ 화장	□ 활동	□ 후춧가루	□ 희망

慣用句1

🎧 055

□865
가슴이 떨리다
胸が震える、興奮する

□866
값이 나가다
高価だ、値打ちがある、値段が高い
動 값나가다 値打ちがある

□867
그릇이 크다
器が大きい、度量が大きい
対 그릇이 작다 器が小さい

□868
긴말할 것 없다
長々と言うまでもない、くどくど言うことはない、どうのこうの言う必要はない
関 긴말하다 長話をする　同 여러 말 할 것 없다
類 긴말이 필요 없다 長話は無用だ

□869
높이 사다
高く買う、高く評価する

□870
눈에 들다
① **目に留まる**、目に付く　② **気に入る**
類 눈에 띄다 (①の意味), 마음에 들다(②の意味)

□871
되지도 않는 소리
でたらめな話、できもしないこと
関 되지도 않을 소리 でたらめな話

□872
둘도 없다
二つとない、またとない、かけがえのない

Q 慣用句　韓国語では？　力をつける、力を養う

말이 안 되다は「話にならない」「理屈に合わない」という意味ですが、말도 안 되다は「とんでもない話だ」という慣用句です。助詞一つで意味が変わるのは面白いですね。

111

이렇게 **가슴이 떨리는** 이유는 뭘까? 처음에 **가슴이 떨려서** 죽을 뻔했다.	▸ こんなに胸が震える理由は何だろう？ ▸ 最初、胸が震えて死にそうになった。
지금 팔면 **값이** 꽤 **나갈** 겁니다. **값이** 좀 **나가더라도** 좋은 걸 사요.	▸ 今売れば、かなり高値で売れるでしょう。 ▸ 値段がちょっと高くても、いいものを買いましょう。
역시 **그릇이 큰** 사람은 다르네요. 실패도 해 봐야 **그릇이 커집니다**.	▸ やっぱり器が大きい人は違いますね。 ▸ 失敗もしてこそ、器が大きくなるものです。
긴말할 것 없고 당장 가자. **긴말할 것 없이** 보고하라고 전해요.	▸ 長々と言うまでもなく、今すぐ行こう。 ▸ つべこべ言わずに、報告するようにと伝えてください。
선수들의 노력은 **높이 사야죠**. 그간의 경험을 **높이 사** 주셨다.	▸ 選手たちの努力は高く買わないと。 ▸ これまでの経験を高く評価してくださった。
그림이 **눈에 들어서** 하나 샀다. **눈에 드는** 사람이 있기는 해요.	▸ 絵が目に留まって1つ買った。 ▸ 気に入った人がいるにはいます。
그런 **되지도 않는 소리**를 누가 믿나요? **되지도 않는 소리**는 하지 말아 줘요.	▸ そんなとんでもない話を誰が信じますか？ ▸ できもしないことは言わないでください。
둘도 없는 기회를 놓치고 싶지 않았다. 힘들 때 함께해 준 **둘도 없는** 친구죠.	▸ 二つとない機会を逃したくなかった。 ▸ つらい時に一緒にいてくれた、かけがえのない友達ですね。

A 慣用句こたえ　힘을 기르다 (109)

慣用句1

055

□873

마음을 놓다

①**安心する** ②**油断する**、気を緩める

同 안심하다

関 마음이 놓이다 気が緩む、ほっとする

□874

마음을 쓰다

①**気を遣う**、気を配る ②**同情する**、人情をほどこす、思いやる

類 신경을 쓰다 気を遣う、気にする

□875

마음이 가다

心が引かれる、心を寄せる、心が傾く

□876

말도 안 되다

とんでもない話だ

□877

말이 되다

①(話が)**道理に合う**、理屈に合う

②**話がつく**、話がまとまる、合意する

□878

목이 빠지게 기다리다

首を長くして待つ、今か今かと待ちわびる

同 목이 빠지도록 기다리다, 눈이 빠지게 기다리다

□879

문을 닫다

①**閉店する**、店を閉める

②**店をたたむ**、廃業する

対 문을 열다 開店する、開業する、店を開く

□880

비행기를 태우다

おだてる、持ち上げる、お世辞を言う、よいしょする

関 태우다 769

55日目 055
チェック!
答えは右ページ下

- □ 高価だ
- □ 目に留まる
- □ でたらめな話
- □ 安心する
- □ とんでもない話だ
- □ 道理に合う
- □ 閉店する
- □ おだてる

시합 때문에 **마음을 놓을** 수가 없다.
▸ 試合のせいで安心できない。

마음을 놓고 있다가 당하는 수가 있죠.
▸ 油断しているとやられるかもしれません。

그간 **마음을 써** 줘서 고마워요.
▸ 今まで気を遣ってくれて、ありがとう。

어려운 사람에게 더 **마음을 써야죠**.
▸ 困っている人をもっと思いやらなければなりません。

처음 봤는데 왠지 **마음이 갔다**.
▸ 初めて会ったが、なぜか心が引かれた。

자꾸 **마음이 가서** 데리고 온 고양이래요.
▸ しきりに気になって、連れてきた猫だそうです。

말도 안 되는 소리라며 거절했어요.
▸ とんでもない話だと言って断りました。

세일해서 **말도 안 되게** 싸게 샀어요.
▸ セールをしていてありえないほど安く買いました。

이게 **말이 되느냐며** 화를 냈다.
▸ これで話になるのかと怒っていた。

결국 회장이 그만두기로 **말이 됐대요**.
▸ 結局、会長が辞めることで話がまとまったそうです。

목이 빠지게 기다리던 여름 방학이 왔다.
▸ 首を長くして待っていた夏休みがやってきた。

주문한 구두를 **목 빠지도록 기다렸다**.
▸ 注文した靴を、首を長くして待った。

어제 일이 있어서 일찍 **문을 닫았다**.
▸ 昨日、用事があって早めに店を閉めた。

문을 연 지 얼마 안 됐는데 **문을 닫는다고**?
▸ オープンして間もないのに閉店するって？

별일도 아닌데 **비행기 태우지** 마요.
▸ 大したことでもないのに、おだてないでください。

최고의 작품이라고 **비행기를 태웠다**.
▸ 最高の作品だと言って持ち上げた。

55日目 055
チェック!
答えは左ページ下

□ 값이 나가다
□ 눈에 들다
□ 되지도 않는 소리
□ 마음을 놓다
□ 말도 안 되다
□ 말이 되다
□ 문을 닫다
□ 비행기를 태우다

慣用句2

056

□881
생각이 없다
①したくない　②分別がない

□882
손발을 맞추다
足並みを揃える、歩調を合わせる、息を合わせる
関 손발이 맞다 息が合う

□883
손을 떼다
手を引く、足を洗う、身を退く
類 발을 빼다 足を抜く、身を引く

□884
손이 모자라다
人手が足りない、忙しい、手が回らない

□885
앞뒤가 안 맞다
つじつまが合わない、筋道が通らない
対 앞뒤가 맞다 つじつまが合う

□886
열을 받다
むかつく、しゃくに障る、頭にくる、腹を立てる

□887
우는소리를 하다
泣きごとを言う、愚痴をこぼす、だだをこねる
関 우는소리 泣き言、愚痴

□888
이것도 저것도 아니다
何なのかはっきりしない、中途半端だ
※話し言葉では、이도 저도 아니다がよく使われます。

Q 慣用句　韓国語では？　力を注ぐ

「日に日に発展する」の「日に日に」は하루가 다르게と表現します。
이 책으로 하루가 다르게 한국어 실력이 늘었겠지요.

112

피곤해서 그런지 밥 **생각이 없다**.
그렇게 **생각이 없는** 사람은 아니에요.

▸ 疲れているからか、食欲がない。
▸ そんなに分別のない人ではありません。

손발을 맞춰 와서 일하기 편하다.
미리 **손발을 안 맞추면** 실수가 많아요.

▸ 足並みを揃えてきたので、働きやすい。
▸ 前もって足並みを揃えないと、ミスが多いです。

안 될 것 같으면 빨리 **손을 떼죠**.
사업에서 **손을 뗀** 지 얼마 안 됐대요.

▸ 駄目なようなら、早く手を引きましょう。
▸ 事業から手を引いたばかりだそうです。

손이 모자라서 동영상을 못 찍었다.
할 일은 많은데 **손이 모자랐다**.

▸ 人手が足りなくて、動画を撮れなかった。
▸ やるべきことはたくさんあるのに、手が回らなかった。

전체적으로 **앞뒤가 안 맞는** 것 같아요.
말이 **앞뒤가 안 맞는데** 어떻게 믿죠?

▸ 全体的につじつまが合わないようです。
▸ 話のつじつまが合わないのに、どうやって信じるんですか？

열 받아서 한마디 안 할 수가 없다.
처음엔 **열 받았는데** 많이 괜찮아졌다.

▸ むかついて、一言言わざるを得ない。
▸ 最初は頭にきたが、だいぶ良くなったよ。

회사 일로 **우는소리를** 좀 **했다**.
우는소리 그만하고 뭐라도 하죠.

▸ 会社のことでちょっと泣きごとを言った。
▸ 泣きごとはやめて、何かしましょう。

이것도 저것도 아닌 맛인데요.
이도 저도 아닌 드라마가 되어 버렸다.

▸ 中途半端な味なんですけど。
▸ 中途半端なドラマになってしまった。

A 慣用句 こたえ 힘을 쏟다 (647)

慣用句2

□ 889
일을 보다
用事を済ませる、仕事をする
類 볼일을 보다

□ 890
입에도 못 대다
口もつけられない
関 입에 대다 口にする

□ 891
입을 맞추다
① **キスをする**　② **口裏を合わせる**

□ 892
정신을 차리다
① **気がつく**、正気に返る
② **しっかりする**、気を取り直す

□ 893
정신을 팔다
① **気を取られる**、気を散らす
② **我を忘れる**、夢中になる
関 정신이 팔리다 気を取られる

□ 894
정신이 나가다
ぼうっとする、呆然とする、気が抜ける
対 정신이 들다 意識を取り戻る、気が付く

□ 895
하루가 다르다
変化が著しい、日に日に変化する
※主に하루가 다르게の形で用いられます。

□ 896
한발 늦다
少し遅れる、一足遅れる
対 한발 빠르다

56日目　056
チェック!
答えは右ページ下

- □ 足並みを揃える
- □ つじつまが合わない
- □ 何なのかはっきりしない
- □ 用事を済ませる
- □ 気がつく
- □ 気を取られる
- □ ぼうっとする
- □ 変化が著しい

은행 **일을 보려다가** 그만뒀다.	▸ 銀行の用事を済ませようとしたがやめた。
나온 김에 **일을 보고** 들어갈게요.	▸ 出たついでに、用事を済ませて帰りますよ。
술은 **입에도 못 대는** 분이래요.	▸ お酒は、口もつけられない方だそうです。
속이 아파서 음식은 **입에도 못 댄대요**.	▸ 胃が痛くて何も食べられないんですって。
영화에 **입을 맞추는** 장면이 나오잖아요.	▸ 映画にキスするシーンが出てくるじゃないですか。
말하는 걸 보니 **입을 맞춘** 게 분명해요.	▸ 言っているのを見ると、口裏を合わせたに違いありません。
정신을 차리고 보니 병원이었다.	▸ 気がつけば病院だった。
이제 **정신 차리고** 잘해 보겠대요.	▸ これからはしっかり頑張ってみるそうです。
딴 데 **정신을 팔** 여유가 없어요.	▸ 他に気を取られている暇はないんです。
게임에 **정신 팔다가** 내릴 역을 놓쳤다.	▸ ゲームに夢中になって、降りる駅を逃した。
내가 잠시 **정신이 나갔었나** 봐요.	▸ 私がしばらくぼうっとしていたようです。
정신이 나간 듯한 표정이었다.	▸ 気が抜けたような表情だった。
하루가 다르게 물가가 오른다.	▸ 日ごとに物価が上がる。
하루가 다르게 성장하는 선수군요.	▸ 日に日に成長する選手ですね。
한발 늦어서 연예인을 못 봤다.	▸ 少し遅れたので芸能人に会えなかった。
한발 늦은 감이 있지만 해결됐대요.	▸ 一歩遅れた気がするけど解決したって。

56日目 056
チェック!
答えは左ページ下

□ 손발을 맞추다
□ 앞뒤가 안 맞다
□ 이것도 저것도 아니다
□ 일을 보다
□ 정신을 차리다
□ 정신을 팔다
□ 정신이 나가다
□ 하루가 다르다

8週目　力試しドリル

問題1～5：(　　　)の中に入れるのに適切なものを、①～④の中から1つ選んでください。
問題6～9：問題文の意味を変えずに、下線部の言葉と置き換えが可能なものを、①～④の中から1つ選んでください。

---

1. (　　)가/이 큰 사람이라서 상대방의 처지도 잘 이해해 준다.

①마음　②표정　③그릇　④손

2. 직접 써 보시면 신제품의 (　　)를/을 알 수 있을 거예요.

①크기　②판단　③판매　④효과

3. 카페에서 (　　)를/을 기다렸는데 결국 그는 나타나지 않았다.

①날짜　②행사　③한참　④주문

4. 비행기를 타기 전에 핸드폰을 충분히 (　　) 마음이 놓였다.

①충전해서　②행복해서　③준비해서　④해결돼서

5. 분명히 사고에 대한 (　　)를/을 진다고 했잖아요.

①입원　②치료　③짐　④책임

6. 그렇게 열을 받으면 엄마만 손해예요.

①화를 내면 ②화가 나면 ③열이 오르면 ④일을 보면

7. 그동안 저 때문에 마음을 쓰게 해서 죄송해요.

①신경을 쓰게 ②피해를 보게
③의무를 지게 ④충격을 받게

8. 건강이 안 좋아서 사업에서 손을 떼고 싶다고 하네요.

①손을 내리고 ②눈을 떼고 ③손을 들고 ④발을 빼고

9. 콘서트에 좋아하는 연예인이 나온다고 해서 목이 빠지게 기다렸다.

①얼굴 ②팔 ③눈 ④머리카락

解答・解説

1. ③

【日本語訳】(器)が大きい人なので、相手の立場もよく理解してくれる。

①心　②表情　③器　④手

Point 그릇이 크다で「器が大きい」。

2. ④

【日本語訳】直接使ってみれば、新製品の(効果)が分かるでしょう。

①サイズ　②判断　③販売　④効果

3. ③

【日本語訳】カフェで(しばらく)待ったけれど、結局彼は現れなかった。

①日付　②行事　③しばらく　④注文

4. ①

【日本語訳】飛行機に乗る前に、携帯を十分に(充電して)安心した。

①充電して　②幸せで　③準備して　④解決できて

5. ④

【日本語訳】はっきりと事故の(責任)を取ると言ったじゃないですか。

①入院　②治療　③荷物　④責任

Point 책임을 지다で「責任を取る」。

6. ①

【日本語訳】そんなに腹を立てたら、お母さんだけが損ですよ。

①腹を立てたら　②腹が立ったら　③熱が上がったら　④用事を済ませたら

Point 열을 받다/내다と화를 내다のどちらも「腹を立てる」の意味で使われます。

7. ①

【日本語訳】これまで、私のことで気を遣わせて申し訳ありません。

①気を遣わせて　②被害を受けさせて　③義務を負わせて　④衝撃を与えて

Point 마음/신경을 쓰다で「気を遣う」。

8. ④

【日本語訳】体調が悪いので、事業から手を引きたいそうです。

①手を下げて　②目を離し　③手を挙げて　④手を引き

Point 손을 떼다と발을 빼다のどちらも「手を引く」という意味の慣用表現です。

9. ③

【日本語訳】コンサートに好きな芸能人が出るというので、首を長くして待っていた。

①顔　②腕　③目　④髪の毛

Point 목이 빠지게 기다리다(首を長くして待つ)は、눈이 빠지게 기다리다とも言います。

キクタン韓国語

巻末付録

発音変化

ハングル能力検定3級レベルで押さえておきたい発音変化には「ㄴの挿入」があります。（鼻音化、濃音化、流音化などの発音変化については、初級編264ページを参照してください）

ㄴの挿入

パッチムで終わる単語に「이」「야」「여」「요」「유」が続くと、「ㅇ」のところに「ㄴ」が挿入され、それぞれ[니][냐][녀][뇨][뉴]と発音されます。「ㄴ」の挿入による鼻音化、流音化に注意しましょう。

① 合成語や派生語

【例】
집안일(집안+일)[지반닐]　家事
이십육(이십+육)[이십뉵→이심뉵]　26

② 2つの単語を一気に発音する時

【例】
한국 영화[한국녕화→한궁녕화]　韓国映画
못 읽어요[몯닐거요→몬닐거요]　読めません

③ 終結語尾の「요」がつく時

【例】
거든요(거든+요)[거든뇨]　〜なんですよ
정말요(정말+요)[정말뇨→정말료]　本当です

★못(〜できない)は以下のように発音が変化します。

못[mot]	＋ㄱ/ㄷ/ㅂ/ㅅ/ㅈ	濃音化	【例】못 가요[몯까요]
못[mon]	＋ㄴ/ㅁ	鼻音化	【例】못 마셔요[몬마셔요]
못[mon]	＋이/여/야/요/유	ㄴの挿入による鼻音化	【例】못 읽어요[몬닐거요]
못[mo]	＋ㅎ	激音化	【例】못해요[모태요]
못[mo]	＋아/어/오/우など(이/여/야/요/유以外の母音)	連音化	【例】못 와요[모돠요]

練習問題 1

次の単語の発音表記として、正しいものを選んでください。

1) 눈약	①누냑	②눈냑	③눌략
2) 십육	①시뉵	②십뉵	③심뉵
3) 한국 요리	①한궁뇨리	②한구뇨리	③한군뇨리
4) 못 알아듣다	①모사라듣따	②모다라듣타	③모다라듣따
5) 몇 월	①며둴	②며췰	③면둴
6) 서울역	①서울녁	②서울력	③서우력
7) 뭘요	①뭘뇨	②뭐료	③뭘료
8) 색연필	①생년필	②색년필	③샌년필
9) 꽃잎	①꼳닙	②꼰닙	③꼬닙

答え

1)②　2)③([십뉵]→[심뉵])　3)①([한국뇨리]→[한궁뇨리])　4)③　5)①
6)②([서울녁]→[서울력])　7)③([뭘뇨]→[뭘료])　8)①([색년필]→[생년필])
9)②([꼳닙]→[꼰닙])

変則用言

変則用言とは、「-아요/어요」「-았/었」「-은」など、母音で始まる語尾がつくと語幹の形が変わる用言のことです。ハングル能力検定3級レベルで押さえておきたい変則用言をまとめました。(このほかの変則用言については、初級編270ページを参照してください)

어変

※本書では<어>表記

어変則用言

이러다(こうする/こう言う)、그러다(そうする/そう言う)、저러다 ああする/どう言う)、어쩌다(どうする)の語幹に、어で始まる語尾や補助語幹がつくと、語尾の「어」が脱落し、語幹末の「ㅓ」が「ㅐ」に変わります。

【例】

이러+어요→이래요　こうします/こう言います
그러+어서→그래서　そうして/そう言って
저러+어도→저래도　ああして/ああ言っても
어쩌+었어요?→어쨌어요?　どうしましたか?

● 어変則用言は이러다、그러다、저러다、어쩌다の4つのみです。

러変

※本書では<러>表記

러変則用言

이르다(着く、至る)、푸르다(青い)の語幹に、어で始まる語尾や補助語幹がつくと、「어」が「러」に変わります。

【例】

이르+어요→이르러요　至ります
이르+어서→이르러서　至って
푸르+어도→푸르러도　青くても
푸르+었다→푸르렀다　青かった

● ハングル能力検定試験3級レベルの러変則用言は、이르다、푸르다の2つです。

ㅎ変

※本書では<ㅎ>表記

ㅎ変則用言

이렇다(こうだ、このようだ)、그렇다(そうだ、そのようだ)、저렇다(ああだ、あのようだ)、커다랗다(大きい)などの語幹に어で始まる語尾や補助語幹がつくと、ㅎが脱落するとともに、語幹末の母音と語尾の「어」が合体し、「ㅐ」に変わります。また、으で始まる語尾や補助語幹がつくと、ㅎと으が同時に脱落します。

【例】

저렇+어요→저래요　ああです
커다랗+았어요→커다랬어요　大きかったです
이렇+은→이런　こんな
그렇+으세요?→그러세요?　そうですか?

● 하얗다(白い)は「하얀, 하야세요, 하얘요, 하얬어요」と活用します。

練習問題2

日本語訳に合うように用言を活用させ、(　　　　　)に書いてみましょう。なお、文末語尾は해요体にしてください。

1) 검은 재킷 안에 (하얗다 →　　　　　) 셔츠를 입고 왔어요.
黒いジャケットの中に、白いシャツを着て来ました。

2) 며칠 논의한 끝에 결론에 (이르다 →　　　　　　　).
数日議論した末に、結論に至りました。

3) 입구에 (커다랗다 →　　　　　　) 소나무가 한 그루 있지 않았나요?
入口に大きな松の木が1本あったじゃないですか?

4) 의사 선생님이 진짜 (그러다 →　　　　　　)?
お医者さんが本当にそう言いましたか?

答え
1)하얀　2)이르렀어요　3)커다란　4)그랬어요

助数詞の使い分け（ハングル能力検定試験3級レベル）

固有数詞とともに使われるもの

-곡	～曲	노래 한 곡　歌1曲
-군데	～カ所	장소 두 군데　場所2カ所
-그루	（木など）～本、株	나무 세 그루　木3本
-대	（車など）～台	자동차 네 대　車4台
-배	～倍	포인트 다섯 배　ポイント5倍
-채	～軒、～棟	집 한 채　家1軒

漢数字とともに使われるもの

-과	～課	제 3 과　第3課
-대	（年齢、時代、家系など） ～代	20대　20代 제15대　第15代
-리터	～リットル	물 1리터　水1リットル
-밀리미터 -밀리	～ミリメートル ～ミリ	50 밀리미터　50ミリメートル 1밀리　1ミリ
-박	～泊	2박 3일　2泊3日
-세	～世	2세　2世、2代
-위	～位	1위　1位
-호	～号	3호　3号

接頭辞

ハングル能力検定試験3級レベルの接頭辞をまとめました。語彙力アップにつなげていきましょう。(接頭辞が漢字語の場合は、日本語の意味の後ろにオレンジ色で漢字を提示しています)

단…

短～ 短

例) 단거리 短距離　　단시간 短時間　　단기간 短期間

맏…

(長子、1番目の)**長～**

例) 맏아들 長男　　맏딸 長女　　맏며느리 長男の嫁

POINT「長男」は장남 704、「長女」は장녀もよく使われます。

명…

名～ 名

例) 명가수 名歌手　　명배우 名俳優　　명시 名詩

부…

(ㄷ、ㅈで始まる言葉について)**不～** 不

例) 부도덕 不道徳　　부자유 不自由　　부정확 不正確

불…

(ㄷ、ㅈ以外で始まる言葉について)**不～** 不

例) 불가능 不可能　　불완전 不完全　　불규칙 不規則

비…

非～ 非

例) 비공식 非公式　　비인간적 非人間的
비생산적 非生産的

양…

洋～、西洋の、洋式の 洋

例) 양복 (男性用の)スーツ、背広　　양주 洋酒
양파 タマネギ

POINT 양복(漢字:洋服)は男性用のスーツを指します。女性用のスーツは정장(漢字:正装)と言います。

장…

長～ 長

例）장거리 長距離　　장시간 長時間　　장기간 長期間

재[1]…

再～ 再

例）재확인 再確認　　재출발 再出発　　재시험 再試験

재[2]…

在～ 在

例）재일 在日　　재미 在米　　재외공관 在外公館

준…

準～ 準

例）준회원 準会員　　준우승 準優勝　　준결승 準決勝

接尾辞

ハングル能力検定試験3級レベルの接尾辞をまとめました。語彙力アップにつなげていきましょう。（接尾辞が漢字語の場合は、日本語の意味の後ろにオレンジ色で漢字を提示しています）

…가

～周辺

例）강가 川辺　　바닷가 海辺　　입가 口元　　귓가 耳元

POINT　가単独で名詞として使われる場合は、「端」「ほとり」の意味になります。例）가에 앉지 말고 안으로 오세요.（端っこに座らないで、中へ来てください）

…객

～客 客

例）관광객 観光客　　관람객 観覧客　　등산객 登山客

…경

〜頃 頃

例）5시경에 5時頃に　　내달경에 来月頃に

…계

〜界 界

例）연예계 芸能界　　경제계 経済界　　업계 業界

…관[1]

〜官 官

例）경찰관 警察官　　소방관 消防官　　감독관 監督官

…관[2]

〜観 観

例）교육관 教育観　　가치관 価値観　　연애관 恋愛観

…금

〜金 金

例）계약금 契約金　　장학금 奨学金　　기부금 寄付金

…력

〜力 力

例）경쟁력 競争力　　이해력 理解力　　생활력 生活力

…료

〜料 料

例）수업료 授業料　　배달료 配達料金　　원고료 原稿料

…률

（ㄴ以外の子音で終わる名詞について）**〜率** 率

例）경쟁률 競争率　　입학률 入学率　　취업률 就業率

POINT 母音と、ㄴで終わる名詞の後には율がつきます。

…발

～発 発

例）서울발 열차 ソウル発の列車
　　미국발 소식 アメリカ発のニュース

…별

～別 別

例）능력별 能力別　　시간별 時間別　　월별 月別

…사[1]

～士 士

例）비행사 飛行士　　변호사 弁護士　　회계사 会計士

…사[2]

～師 師

例）미용사 美容師　　요리사 料理人、調理師、コック
　　사진사 写真師

POINT 日本語の「料理人」は、韓国語では요리사に当たります。

…성

～性 性

例）인간성 人間性　　정확성 正確性　　적극성 積極性

…소

～所 所

例）연구소 研究所　　사무소 事務所　　교습소 教習所

…식

～式 式

例）결혼식 結婚式　　객관식 客観式　　주관식 主観式

…실

～室 室

例）연구실 研究室　　사무실 事務室　　기획실 企画室

…업

〜業 業

例) 건설업 建設業　　관광업 観光業　　출판업 出版業

…용

〜用 用

例) 개인용 個人用　　회사용 会社用
어린이용 子ども用

…율

(母音及びㄴで終わる名詞について)**〜率** 率

例) 감소율 減少率　　이혼율 離婚率　　할인율 割引率

POINT ㄴ以外の子音で終わる名詞の後には률がつきます。

…자

〜者 者

例) 연구자 研究者　　기술자 技術者、エンジニア
기획자 企画者

…장

〜状 状

例) 소개장 紹介状　　표창장 表彰状　　상장 賞状

POINT 接尾辞の장(状)は、[소개짱]、[표창짱]、[상짱]のように、例外的に濃音で発音される場合があります。

…전

〜展 展

例) 미술전 美術展　　사진전 写真展　　개인전 個人展

…주

〜酒 酒

例) 포도주 ブドウ酒、ワイン　　과일주 果物酒
인삼주 高麗人参酒

…증

～証 証

例）학생증 学生証　　면허증 免許証　　신분증 身分証

POINT 接尾辞の증(証)は、[학생쯩]、[면허쯩]、[신분쯩]のように、例外的に濃音で発音される場合があります。

…직

～職 職

例）연구직 研究職　　관리직 管理職　　사무직 事務職

…짜리

～に値するもの、～組、～入り

例）만 엔짜리 1万円札　　두 개짜리 2個組
10 권짜리 10冊入り

…층

～層 層

例）팬층 ファン層　　청년층 青年層　　고객층 顧客層

…품

～品 品

例）화장품 化粧品　　완성품 完成品　　고급품 高級品

…화

～化 化

例）정보화 情報化　　대중화 大衆化　　자동화 自動化

…화

～画 画

例）인물화 人物画　　풍경화 風景画　　서양화 西洋画

索引

本書で学んだ語彙をカナダ順（見出し語）と五十音順（メイン訳）で掲載しました。数字は掲載番号です。韓国語と日本語の両方からチェックして、覚えられたか確認しましょう。思い出せなかった単語は掲載ページを見てみましょう。

ㄷ

ㅁ

ㅇ

ㅈ

☐ 気がつく	892	☐ 黒い	089	☐ 国際	053	☐ 事業	348
☐ 期間	113	☐ 苦労	031	☐ 国内	049	☐ しきりに	609
☐ 企業	121	☐ 詳しい	519	☐ 心が引かれる	875	☐ 事故	346
☐ 帰国	055	☐ 軍隊	054	☐ 志す	427	☐ 自習	690
☐ 記事	119	☐ 経験	025	☐ 故障	032	☐ 次女	699
☐ 技術	120	☐ 経済	023	☐ こしょう	860	☐ 事情	351
☐ 基準	123	☐ 警察	024	☐ 個人	011	☐ 自信	692
☐ 傷	360	☐ 芸術	575	☐ こする	543	☐ 静かだ	524
☐ キスをする	891	☐ 芸能人	570	☐ 小銭	701	☐ 施設	466
☐ 季節	028	☐ 化粧	852	☐ 小遣い	585	☐ 自然	693
☐ 期待	115	☐ 消す	753	☐ このまま	508	☐ 従う	419
☐ 汚い	198	☐ 決して	069	☐ こぶし	729	☐ 従って	290
☐ 記入する	739	☐ 欠席	019	☐ こぼす	647	☐ したくない	881
☐ 記念	114	☐ 結論	018	☐ ゴミ	478	☐ 親しい	628
☐ 気の毒だ	412	☐ 煙	565	☐ 殺す	745	☐ 実験	473
☐ 気のままに	299	☐ 蹴る	758	☐ 根拠	060	☐ 実践	472
☐ 希望	864	☐ 原因	590	☐ 困難	489	☐ じっと	067
☐ 義務	598	☐ けんか	477	☐ 根本	061	☐ 支払う	764
☐ 疑問	599	☐ 研究	563	㋚		☐ しばらく	841
☐ キャベツ	488	☐ 現金	848			☐ しばらくの間	837
☐ 休日	861	☐ 検査	017	☐ 最悪	804	☐ 自分	691
☐ 急だ	087	☐ 現在	850	☐ 歳月	377	☐ 字幕	689
☐ ぎゅっと	178	☐ 現実	849	☐ 最後	805	☐ 閉まる	224
☐ 教育	043	☐ 研修	568	☐ 最高	802	☐ 事務	347
☐ 競技	020	☐ 見物	047	☐ 最後まで	180	☐ 示す	097
☐ 教材	045	☐ 濃い	526	☐ 財産	708	☐ 社員	350
☐ 行事	847	☐ 語彙	492	☐ 最大	803	☐ 若干	487
☐ 競争	022	☐ 公演	035	☐ 材料	706	☐ 自由	694
☐ 興味	863	☐ 効果	858	☐ 先に	395	☐ 周囲	732
☐ 業務	494	☐ 高価だ	866	☐ 作業	698	☐ 習慣	463
☐ 拒絶	014	☐ 交差点	345	☐ 作文	697	☐ 宗教	725
☐ 距離	012	☐ 講師	010	☐ 叫ぶ	658	☐ 重大なこと	819
☐ 切る	668	☐ こうする	662	☐ 避ける	776	☐ 充電	811
☐ きれいだ	082	☐ こうだ	517	☐ さすが	070	☐ 収入	456
☐ 記録	116	☐ 校長	044	☐ 作家	695	☐ 十分だ	626
☐ 気を遣う	874	☐ 交通	046	☐ 作曲	696	☐ 住民	730
☐ 気を取られる	893	☐ 交通費	790	☐ さほど	071, 075	☐ 祝祭	806
☐ 禁止	064	☐ 行動	845	☐ 冷める	642	☐ 宿泊	458
☐ 緊張	125	☐ 後半	859	☐ 左右	727	☐ 手術	453
☐ 腐る	646	☐ 幸福	846	☐ 再来年	135	☐ 主張	734
☐ 癖	269	☐ 公務員	034	☐ 騒ぐ	421	☐ 出勤	807
☐ 口もつけられない		☐ 交流	042	☐ 触る	432	☐ 出席	791, 808
	890	☐ 凍る	654	☐ 算数	354	☐ 種類	726
☐ 苦痛	033	☐ 語学	491	☐ 残念だ	411	☐ 使用	349
☐ 首を長くして待つ		☐ 呼吸する	641	☐ 詩	464	☐ 状況	363
	878	☐ 国語	052	☐ 資格	686	☐ 条件	723

た

な

は

ま

や

ら

わ

完全改訂版

聞いて覚える韓国語単語帳

キクタン 韓国語 【初中級編】

本書は、『改訂版 キクタン韓国語【初中級編】』(初版:2012年6月4日)の内容を一新した、完全改訂版です。単語の選定から例文に至るまで、すべての内容が変更されています。

書名	完全改訂版 キクタン韓国語【初中級編】
発行日	2025年4月24日(初版)
著者	金京子、オ・ヨンミン
編集	株式会社アルク 出版編集部
校正	河井佳
編集協力	弓場市子、植松恵
アートディレクション	細山田光宣
デザイン	柏倉美地(細山田デザイン事務所)
イラスト	加納徳博
ナレーション	李美賢、菊地信子
音楽制作	Niwaty
録音・編集	渡邊努(クリエイティブKikka)
DTP	株式会社創樹
印刷・製本	シナノ印刷株式会社
発行者	天野智之
発行所	株式会社アルク 〒141-0001 東京都品川区北品川6-7-29 ガーデンシティ品川御殿山 Website:https://www.alc.co.jp/

PC:7025003 ISBN:978-4-7574-4286-3